essentials

essentials liefern aktuelles Wissen in konzentrierter Form. Die Essenz dessen, worauf es als „State-of-the-Art" in der gegenwärtigen Fachdiskussion oder in der Praxis ankommt. *essentials* informieren schnell, unkompliziert und verständlich

- als Einführung in ein aktuelles Thema aus Ihrem Fachgebiet
- als Einstieg in ein für Sie noch unbekanntes Themenfeld
- als Einblick, um zum Thema mitreden zu können

Die Bücher in elektronischer und gedruckter Form bringen das Fachwissen von Springerautorinnen kompakt zur Darstellung. Sie sind besonders für die Nutzung als eBook auf Tablet-PCs, eBook-Readern und Smartphones geeignet. *essentials* sind Wissensbausteine aus den Wirtschafts-, Sozial- und Geisteswissenschaften, aus Technik und Naturwissenschaften sowie aus Medizin, Psychologie und Gesundheitsberufen. Von renommierten Autorinnen aller Springer-Verlagsmarken.

Detlef Hellenkamp

Bankwesen im Zeitalter von Disruptionen

Wie Digitalisierung, Demografie und Kundenfokussierung die Branche revolutionieren

Detlef Hellenkamp
Fakultät Wirtschaft
Duale Hochschule Baden-Württemberg
Stuttgart, Deutschland

ISSN 2197-6708   ISSN 2197-6716 (electronic)
essentials
ISBN 978-3-658-41207-4   ISBN 978-3-658-41208-1 (eBook)
https://doi.org/10.1007/978-3-658-41208-1

Die Deutsche Nationalbibliothek verzeichnet diese Publikation in der Deutschen Nationalbiblio-grafie; detaillierte bibliografische Daten sind im Internet über http://dnb.d-nb.de abrufbar.

Planung/Lektorat: Guido Notthoff
Springer Gabler ist ein Imprint der eingetragenen Gesellschaft Springer Fachmedien Wiesbaden GmbH und ist ein Teil von Springer Nature.
Die Anschrift der Gesellschaft ist: Abraham-Lincoln-Str. 46, 65189 Wiesbaden, Germany

Was Sie in diesem *essential* finden können

- Sie gewinnen einen Überblick über die aktuellen (Mega-)Trends der Digitalisierung und deren Auswirkungen auf die operativen und strategischen Handlungsfelder von Kreditinstituten
- Sie erkennen die Tragweite digitaler Entwicklungen und die notwendigen Anforderungen einer fortwährenden Reflexion der bestehenden Geschäftsmodelle im Bankwesen
- Sie erhalten Einblicke in Bestimmungsfaktoren, die eine wahrnehmbare Relevanz beim Kunden entfalten und eine kundenzentrierte Sichtweise bei Banken notwendig macht
- Sie erlangen Transparenz über demografische Entwicklungen und Konsequenzen der Alterung innerhalb einer Gesellschaft im Allgemeinen sowie die Auswirkungen auf Kreditinstitute im Speziellen

Vorwort

Digitalisierung, demografischer Wandel und ein sich wiederkehrend verändertes Kundenverhalten stellen das Bankwesen vor Herausforderungen, die es bisher in dieser Form noch nicht gegeben hat. Digitale Entwicklungen tangieren dabei nahezu alle Bereiche in Kreditinstituten.

Künstliche Intelligenz Technologien, Plattformökonomie oder Prozessautomatisierung stehen exemplarisch dafür, dass Grenzen zwischen traditionellen Kreditinstituten und neuen Marktteilnehmern unscharf werden und die Wettbewerbsintensität sich erhöht.

Beim Kunden entstehen hierbei nahtlose und konsistente Produkt- und Dienstleistungserfahrungen, die unabhängig davon sind, ob der Kunde online, mobil oder stationär in einer Filiale agiert. Banken erhalten dadurch Möglichkeiten, Kunden besser zu verstehen und damit zielgerichtet und bedarfsgerecht zu bedienen. Datenanalysen und maschinelles Lernen ermöglichen zugeschnittene personalisierte Angebote und somit Möglichkeiten, die Kundenbindung zu verbessern. Umgekehrt trägt das Nutzungsverhalten der Kunden beispielsweise dazu bei, Prozesse zu automatisieren, das Filialnetz neu auszurichten und Kosten zu reduzieren.

Der demografische Wandel stellt eine weitere ebenso große Herausforderung im Bankwesen dar, der sowohl die Angebots- als auch die Nachfrageseite erheblich verändern wird. So werden z. B. eine zunehmend alternde Bevölkerung und sinkende Geburtenraten die Bedürfnisse und Erwartungen an Produkt- und Bankdienstleistungen deutlich verändern – ebenso wird sich der Wettbewerb um qualifizierte Nachwuchskräfte branchenübergreifend intensivieren.

Insgesamt betrachtet das Buch wesentliche Herausforderungen als auch Möglichkeiten, die die anstehenden Veränderungen der Digitalisierung, Demografie und ein verändertes Kundenverhalten mit sich bringen. Es soll dazu beitragen diese zu verstehen und Anregungen und Strategien zur Anpassung daran im Bankwesen kritisch zu diskutieren.

Stuttgart   Detlef Hellenkamp
im März 2023

Inhaltsverzeichnis

Über den Autor

Prof. Dr. Detlef Hellenkamp ist seit 2010 Leiter im Studiengang BWL-Bank der Dualen Hochschule Baden-Württemberg (DHBW) in Stuttgart. Zudem begleitet er als Hochschullehrer den Master Finance (M. A.) der DHBW am Center for Advanced Studies in Heilbronn. Mit derzeit rund 33.500 Studierenden und über 200.000 Alumni ist die DHBW die größte Hochschule in Baden-Württemberg.

Nach dem Abschluss seines Studiums als Diplom-Kaufmann weist er etwa 20 Jahre Erfahrungen in Leitungsfunktionen internationaler Universalbanken und einer genossenschaftlichen Rechenzentrale aus.

Er promovierte zum Dr. rer. oec. am Lehrstuhl Unternehmensfinanzierung und Banken an der Bergischen Universität Wuppertal.

Daneben hat er Erfahrungen in diversen beratenden Funktionen als Beirat sowie als Aufsichts- und Stiftungsrat und ist Autor zahlreicher Veröffentlichungen, beispielsweise des im Springer Gabler Verlag als Herausgeber veröffentlichten Handbuch Bankvertrieb | Theorie und Praxis im Zukunftsdialog sowie dem bereits in der 3. aktualisierten und überarbeiteten Auflage veröffentlichten Lehrbuch Bankwirtschaft (2022).

Einleitung und Überblick 1

Der deutsche Bankenmarkt ist ein wettbewerbsintensiver Markt, in welchem Kredit- und Finanzdienstleistungsinstitute um Kunden- und Marktanteile in einem Umfeld anhaltender dynamischer Änderungen agieren. Die Geschäftsmodelle werden unterschiedlich tangiert und bedingen Anpassungen, um bestehende Wettbewerbspositionen nicht zu verschlechtern. So determinieren beispielsweise Digitalisierung, Veränderungen im Nachfrageverhalten von Kunden, demografische Entwicklungen oder Globalisierung einen Strukturwandel mit erheblichen Auswirkungen auf die Finanzwirtschaft. Aus einer fortschreitenden Globalisierung resultiert im Allgemeinen die Notwendigkeit regelmäßiger Anpassungen und ein kontinuierlicher Wandel der Institute im Wettbewerb. Seit der Finanzkrise im Jahr 2007 gehen Veränderungen wiederkehrend einher mit deutlich erhöhten regulatorischen Rahmenbedingungen vonseiten der Bankenaufsicht und einer veränderten politischen und gesellschaftlichen Sicht auf die Kreditwirtschaft.

Der technologische Fortschritt und die Möglichkeiten der Digitalisierung haben überdies weitreichende Auswirkungen in die gesamten Wertschöpfungsketten und Prozesse der Finanzwirtschaft und damit in die Geschäftsmodelle der Kreditinstitute – hiervon tangiert sind z. B. Qualität und Quantität der Kundenkontakte sowie das digitale Nutzungsverhalten der Kunden. Die Abwicklung von Bankgeschäften ist inzwischen nicht mehr ortsgebunden, sondern kann mittels Mobile-Banking o. a. durchgeführt werden. Durch die Corona-Pandemie seit 2020 erfahren Entwicklungen teils eine zusätzliche Dynamisierung, beispielsweise durch eine zunehmende Nutzung digitaler Kanäle in der Beratung und beim Abschluss bankbetrieblicher Produkte und Dienstleistungen.

Kunden erwarten auf ihre persönlichen Bedürfnisse möglichst exakt zugeschnittene Produkt- und Dienstleistungsangebote (z. B. Nachhaltigkeits- oder Altersvorsorgeprodukte). Um attraktive Finanzdienstleistungen anzubieten, ist deshalb nicht nur der Einsatz moderner Technologien relevant, sondern auch der

D. Hellenkamp, *Bankwesen im Zeitalter von Disruptionen*, essentials, https://doi.org/10.1007/978-3-658-41208-1_1

intensive Einsatz zielgerichteter Kundendaten. Der Einsatz und die Möglichkeiten im Rahmen von CRM-Systemen, Big Data und Web 3.0 werden deshalb künftig deutlich zunehmen. Die zusätzliche Nutzung von Cloud-Computing kann die Möglichkeiten einer Transformation von Geschäftsmodellen der (traditionellen) Banken deutlich ausweiten.

Kreditinstitute stehen vor zahlreichen Herausforderungen, die zu einer dauerhaft hohen bankbetrieblichen Komplexität führen. Das Management der Kreditinstitute steht hierbei in einem dauerhaften Spannungsfeld unterschiedlichster Anforderungen, das eigene Institut strategisch richtig zu positionieren und die Transformation des eigenen Geschäftsmodells voranzutreiben – e i n (Patent-) Konzept gibt es nicht.

Strategische Sicht einer europäischen Finanzindustrie

2

Wir alle lernen bereits frühkindlich die Darwin'sche Evolutionstheorie und akzeptieren einem Naturgesetz gleich das Überleben der am besten angepassten Individuen, Unternehmen oder Staaten als „Survival of the Fittest" (Hellenkamp, D. 2018).

Im Zeitalter der Globalisierung werden Staaten als „the Fittest" hierbei wesentlich geprägt durch Möglichkeiten des Zugriffs auf die relevanten Ressourcen

- Militär
- Rohstoffe
- Finanzindustrie
- Digitalisierung/Information.

Die beiden erstgenannten werden in Europa und Deutschland insbesondere durch Bündnisabkommen und diversifizierte Handelsabkommen gesichert. Fragile Bündnisse und aktuelle protektionistische Bestrebungen schwächen diese Faktoren. Wie „fit" ist Europa nunmehr mit Blick auf die beiden letztgenannten Ressourcen?

In den Jahren nach der Finanzkrise 2007 hat ein ausgeprägtes politisch motiviertes Banken Bashing in Europa eingesetzt, dass immer wieder die Notwendigkeit einer starken europäischen Finanzindustrie konterkariert und die Wettbewerbsfähigkeit gegenüber Kreditinstituten in anderen Wirtschaftsräumen erheblich einschränkt.

Um es klar zu sagen: Missstände im Wirtschaftsleben müssen in allen Branchen fortlaufend reflektiert und Rahmenbedingungen selektiv, auch politisch, korrigiert werden. Dieses gilt für alle Branchen, wie beispielsweise die Medizin-, Pharma-, Chemie- oder Automobilindustrie ebenso selbstverständlich wie für die Finanzindustrie.

© Der/die Autor(en), exklusiv lizenziert an Springer Fachmedien Wiesbaden GmbH, ein Teil von Springer Nature 2023
D. Hellenkamp, *Bankwesen im Zeitalter von Disruptionen*, essentials, https://doi.org/10.1007/978-3-658-41208-1_2

Deutschland ist seit Jahren wiederholt Export(welt)meister. Unternehmen müssen deshalb die Möglichkeit haben, weitreichende und komplexe Finanzierungen wahlweise mit leistungsstarken europäischen oder deutschen Kreditinstituten durchzuführen. Andernfalls könnten Finanzierungsvorhaben europäischer Unternehmen selbst bei Vorliegen bester Bonität von potenziellen Kreditinstituten aus anderen Wirtschaftsräumen regelmäßig aus nicht ökonomischen Gründen abgelehnt werden. Damit würden europäische Unternehmen im Kontext internationaler Ausschreibungen bei der Finanzierung beispielsweise gegenüber asiatischen und nordamerikanischen Unternehmen wahrscheinlich immer wieder das Nachsehen haben. Eine solche Entwicklung kann weder im europäischen noch im nationalen Interesse sein.

Die Deutsche Bundesbank proklamiert seit Jahren, Bankvorstände sollten die aktuellen Rahmenbedingungen nutzen und ihre Geschäftsmodelle zukunftsorientiert ausrichten. Die Entkopplung beispielsweise amerikanischer Großbanken gegenüber europäischen sowie deutschen Instituten hinsichtlich der Ertragsentwicklung und Marktkapitalisierung ist seit Jahren signifikant.

Die Notwendigkeit kritischer Betriebsgrößen in der Finanzindustrie führen bereits heute dazu, dass einige kapitalstarke internationale Institute die kostenintensiven Regulierungsmaßnahmen problemlos erfüllen und ihre relative Wettbewerbssituation dadurch zusätzlich stärken. Ein Blick auf die Themen der nationalen Verbände verdeutlicht inzwischen eine extrem operative Ausrichtung, mit denen sich alle Managementebenen der Finanzindustrie permanent auseinandersetzen müssen. Wie sollen in einem solchen Kontext nunmehr Vorstände im Rahmen ihrer (befristeten) Organverträge strategische Weichen stellen und Visionen erarbeiten, um über zehn Jahre, zwanzig Jahre oder länger ihre Geschäftsmodelle auszurichten. Das Risiko, dass die Aufsichtsbehörden, der Verwaltungs- oder Aufsichtsrat ihre Unterstützung verwehren, ist erheblich und birgt ein großes persönliches Wagnis.

In der Konsequenz agieren die meisten Kreditinstitute im Mainstream und richten sich gleichgerichtet aus. Das heißt, sie fokussieren sich auf eine fremdbestimmte Umsetzung zahlreicher Vorgaben und Details. Möglicherweise verändern sich deshalb die Geschäftsmodelle inzwischen nicht mehr klassisch, sondern zunehmend durch agiles Management, bei dem das Reagieren auf Veränderungen wichtiger ist, als das Festhalten an einem Plan. Allerdings besteht hierbei das Risiko, keine Visionen mehr zu entwickeln, sondern nur noch agil zu entscheiden. Dabei wird Orientierung verloren gehen. Mitarbeiter kennen möglicherweise nicht mehr die zentralen Unternehmensziele ihrer Bank.

Darwinismus in der Finanzindustrie bedeutet dann nicht mehr die Idee, das beste Geschäftsmodell oder das beste Produkt zu entwickeln, sondern mehr und mehr die Fähigkeit des aus Kapitalsicht Stärkeren die Kosten der Regulierung zu tragen.

Die europäischen und nationalen Kreditinstitute können die drängenden Fragen nach den zukunftsweisenden Rahmenbedingungen einer starken europäischen Finanzindustrie weder einzeln noch durch nationale Einzelverbände dauerhaft allumfassend entwickeln. Zahlreiche Institute müssen in der Zukunft ausreichende Skaleneffekte generieren, um die Tragfähigkeit der einzelnen Geschäftsmodelle langfristig zu sichern. Die Deutsche Kreditwirtschaft (DK) sollte deshalb in der Konsequenz zu den Fragen einer starken europäischen Finanzindustrie mehr und mehr die bisherige interessengesteuerte „Drei-Säulensicht" verlassen, um eine gemeinsame europäische Vision mit zu gestalten. In diesem Kontext sollte beispielsweise aktiv ein konsensfähiger europäischer Kompromiss hinsichtlich eines europäisches Einlagenversicherungssystem (EDIS) als drittes und letztes Element einer europäischen Bankenunion herbeigeführt werden.

Ein weiteres aktuelles Beispiel ist die European Payments Initiative (EPI) als ein Zusammenschluss von europäischen Zahlungsdienstleistern und Banken aus sieben Ländern mit Sitz in Brüssel. Dabei soll für Kunden und Händler ein einheitliches europäisches Zahlungsverfahren mit einer eigenen Infrastruktur geschaffen werden, um in den direkten Wettbewerb mit US-amerikanischen Wettbewerbern wie z. B. VISA und Mastercard einzutreten.

Eine solche Vision benötigt als conditio sine qua non ein klares politisches Bekenntnis der Notwendigkeit einer starken europäischen Finanzindustrie. Dabei sollte die Politik die Bedeutung der Finanzindustrie unbedingt auch im Kontext staatlicher Kreditaufnahmen und den Möglichkeiten der Geldschöpfung außerhalb einer Kontrolle des Bankensystems beurteilen. Die politische Versuchung sich kritisch und in der Sache nicht konstruktiv zu profilieren ist in der Finanzindustrie besonders verlockend, da das Image hierfür prädestiniert ist, die Branche komplex und Bankdienstleistungen zumeist abstrakt sind.

Die Entwicklungen kritischer Betriebsgrößen einzelner Unternehmen im Hinblick auf die genannten staatlich relevanten Ressourcen Digitalisierung und Information sind nicht nur in Deutschland, sondern in Europa ähnlich signifikant. Auch hier generieren ausgewählte internationale Unternehmen einen hohen Cash-Flow. Diese prägen als internationale Champions die weiteren digitalen Entwicklungen und damit unsere gemeinsame Zukunft maßgeblich. Für andere potenzielle, insbesondere europäische Marktteilnehmer, auch der Finanzindustrie, werden sich die Markteintrittsbarrieren digitalisierter Geschäftsmodelle, hierdurch ebenfalls erhöhen, beispielsweise hinsichtlich der Plattform-/Cloudanbieter. Umso bedeutsamer ist auch hier der Beginn einer Kooperation europäischer Finanz-dienstleister beispielsweise in dem Forum „European Cloud User Coalition" (ECUC), um im bestehenden Wettbewerb eine eigene starke Marktposition zu generieren.

Digitale Transformation im Bankwesen 3

Digitale Ökosysteme, Künstliche Intelligenz, Internet der Dinge, Big Data, Behavioural Analytics, Cloud Banking, Quantum Computing, Crowdfunding, New Payment Models, Social Media, Blockchain Technology oder auch kollaborative Arbeitsformen stehen exemplarisch für technologische Entwicklungen, deren Auswirkungen und Handlungskonsequenzen in Kreditinstituten aktuell diskutiert werden. Technologische Trends gehen dabei einher mit regulatorischen Entwicklungen, die es neuen Marktteilnehmern erlauben, Teile etablierter Wertschöpfungsprozesse der Geschäftsbanken zu fokussieren. Die Wettbewerbsintensität in der Finanzindustrie wird dadurch weiter vorangetrieben. So generiert beispielsweise die EU-Zahlungsdienste-Richtlinie II (PSD II, Payment Services Directive II) seit 2018 einen einheitlichen Rechtsrahmen im EU-Binnenmarkt für Internet- und Mobile-Zahlungen. Danach müssen kontoführende Zahlungsdienstleister, beispielsweise Sparkassen oder Volksbanken Drittdienstleistern (z. B. FinTechs) den Zugang und die Informationen ihrer Kunden unentgeltlich zur Verfügung stellen, über welche diese dann auf Zahlungskonten der Bankkunden zugreifen können (Open Banking). Im Wettbewerb um den Kunden stehen neben den Kreditinstituten beispielsweise Anbieter des Online-Bezahldienstes PayPal u. a. zunehmend an der Kundenschnittstelle. Rechtliche Rahmenbedingungen (z. B. im Kontext der PSD II – Verbraucherschutz) können digitale Entwicklungen und Prozesse beschleunigen, beispielsweise die Pflicht zur Zwei-Faktor-Authentifizierung im Onlinebanking und bei Bezahlungen mit Girokarte, Kreditkarte, PayPal. Seit Jahren werden zahlreiche Prozesse auch durch die Möglichkeiten der Digitalisierung in Kreditinstituten standardisiert und strukturiert, insbesondere um Kosten zu reduzieren, beispielsweise durch Outsourcing bei Wertpapierabrechnungen (Deutsche WertpapierService Bank AG, dwpbank AG), im Druckwesen oder Postversand.

© Der/die Autor(en), exklusiv lizenziert an Springer Fachmedien Wiesbaden GmbH, ein Teil von Springer Nature 2023
D. Hellenkamp, *Bankwesen im Zeitalter von Disruptionen*, essentials,
https://doi.org/10.1007/978-3-658-41208-1_3

Kreditinstitute, Tech-Anbieter, Fintechs, Neobroker entwickeln im ange-
stammten Bankenmarkt mit den technischen Möglichkeiten innovativ neue
Geschäftsfelder, die sich teils deutlich von den bisherigen Risiko-/Ertragsprofilen
unterscheiden. Aus Sicht der Kunden entsteht hierdurch sukzessive ein Prozess,
bei dem das bisherige Kerngeschäft der Kreditinstitute durch neue Anbieter (Ver-
sicherungsunternehmen, Technologiekonzerne wie Google, Amazon, Facebook,
Apple u. a.) sukzessive verschwimmt, d. h. nicht mehr trennscharf abgegrenzt
werden kann.

Die technischen Umsetzungen berühren die IT-Infrastruktur und -architektur
der Institute hierbei zumeist erheblich. Die hohen Investitionen der Digitalisierung werden partiell durch die Digitalisierung selbst refinanziert und zwar
durch Kosteneinsparungen mittels Standardisierungen, Automatisierungen sowie
Vereinfachungen von Produkten, Strukturen und Prozessen.

Darüber hinaus haben der technologische Fortschritt und die Möglichkeiten der Digitalisierung in der Finanzwirtschaft weitreichende Auswirkungen
beispielsweise auf digitales Nutzungsverhalten, Kundenkontakte und Geschäftsmodelle von Kreditinstituten (vgl. Glaser, C. 2022, S. 1–23).

3.1 Digitales Nutzungsverhalten und Auswirkung auf Bankgeschäfte

Inzwischen wird die Digitalisierung intensiv im Hinblick auf die Kunden der
Institute diskutiert. Kunden leben als Digital Immigrants in einer vermehrt digi-
talisierten Welt – deren Nachwuchs, die Digital Natives, wachsen im intuitiven
Umgang mit digitalen Medien auf. Beide Kundengruppen weisen ein stetig
verändertes Nachfrageverhalten nach Bankprodukten und -dienstleistungen aus.

Digital Immigrants haben als Kunden tendenziell mehr Vorbehalte gegenüber
digitalen Bankdienstleistungen. Sie präferieren gemeinhin vermehrt traditionelle
Bankdienstleistungen, z. B. den persönlichen Kontakt in der Kundenbetreuung,
da sie wesentlich in einer Zeit geprägt wurden, in der die Digitalisierung in dieser
Form das private und berufliche Leben noch nicht omnipräsent bestimmt hat.

Digital Natives sind indes in einer Zeit aufgewachsen, die durch digitale
Technologien stark geprägt ist. Insofern haben diese eine „intuitive" Beziehung
zu digitalen Bankdienstleistungen und erwarten deshalb zuverlässig eine benut-
zerfreundliche und durch hohe Verfügbarkeit gekennzeichnete bankbetriebliche
Dienstleistung.

Kreditinstitute müssen hierbei beachten, nach wie vor beide Kundengruppen
individuell anzusprechen, um weiterhin erfolgreich Bankgeschäfte durchzuführen.

Aus Bankensicht ist insofern stets zu überlegen, inwieweit traditionelle Bankdienstleistungen angeboten oder gar ausgebaut werden sollen – ebenso bedeutsam ist es, das Portfolio digitaler Bankdienstleistungen im Blick zu haben, um die Gruppe der Digital Natives fortwährend zielgerichtet anzusprechen.

Das breite Spektrum bankbetrieblicher Herausforderungen der Kreditinstitute durch das unterschiedliche Nachfrageverhalten von Digital Natives (1) und Digital Immigrants (2) wird bereits an wenigen Beispielen deutlich:

- Zugang zu Bankdienstleistungen digital präferiert (1) versus persönlicher Besuch in einer Filiale (2)
- Problemlösungen (ad hoc) durch Chatbots oder Online-Foren regelmäßig ausreichend (1) versus persönliche Kundenberatung (2)
- Vertrauen und Kenntnis hinsichtlich digitaler Sicherheitsmaßnahmen (1) versus Sicherheitsbedenken im Kontext digitaler Bankdienstleistungen (2)
- Omnikanalzugang von Bankdienstleistungen digital 24/7 erwartet (1) versus traditionelles Angebot an Öffnungszeiten und Standorten (2)

Die Corona-Pandemie hat das digitale Nutzungsverhalten seit 2020 in toto weltweit deutlich beschleunigt und vorangetrieben. In den Phasen des Lockdowns haben moderne Industriegesellschaften in nahezu allen Bereichen der Gesellschaft gelernt, vormals analoge Verhaltens- und Vorgehensweisen weitgehend durch digitale zu ersetzen. Diese Erfahrungen werden das digitale Nutzungsverhalten von Menschen (Kunden) insgesamt nachhaltig verändern (vgl. Bundesverband deutscher Banken 2021).

Kunden erwarten von ihren Kreditinstituten, dass ihnen (ausgewählte) Bankdienstleistungen zeitlich und räumlich jederzeit (24/7, d. h. 24 h, 7 Tage in der Woche) zur Verfügung stehen.

Bankgeschäfte werden dabei immer mehr auf Internetbasis genutzt. Kreditinstitute reagierten in den letzten Jahren beispielsweise mit einer deutlichen Reduktion des Filialnetzes. Das Web 2.0 ermöglicht es dem Internetnutzer, d. h. den Kreditinstituten und den Kunden, bisher neben dem Nutzen von Informationen eigene Inhalte bereitzustellen. Zukünftig werden darüber hinaus Informationen in einem semantischen Web flexibel miteinander verknüpft (Web 3.0).

Diese dritte Stufe des Internets ist noch stärker vernetzt und bezieht z. B. neue Technologien wie Maschinelles Lernen, natürliches menschliches Sprachverhalten oder autonome menschliche Verhaltensweisen ein.

Das Web 3.0 als weiterer Entwicklungsschritt, ist eine Ausgestaltung des World Wide Web auf Grundlage der Blockchain, welche als Konzept technologische Dezentralisierung und tokenbasierte Ökonomie impliziert. Darüber hinaus liegt ein weiterer Fokus auf Interoperabilität und Datenschutz. Diese Technologie ermöglicht eine zunehmende Kontrolle der Daten und Online-Aktivitäten durch den Benutzer, anstatt diese Dritten zu überlassen.

Das Web 3.0 bietet Möglichkeiten, Bankgeschäfte direkt zwischen Kunden und Kreditinstituten durchzuführen. Kreditinstitute können hierdurch Kosten reduzieren und Prozesse effizienter gestalten – Kunden erhalten z. B. direkte Transparenz- und Kontrollmöglichkeiten ihrer finanzwirtschaftlichen Aktivitäten. Darüber hinaus können durch personalisierte Angebote Kundenbedürfnisse deutlich gezielter adressiert und damit Kundenbeziehungen langfristig verbessert werden (vgl. Bhatia, M. 2022, S. 91–106).

Mit dem Web 3.0 gibt es zahlreiche Anwendungsmöglichkeiten, um Prozesse zu adjustieren und die Kundenbeziehungen im Bankwesen zu stärken, beispielsweise durch Möglichkeiten dezentralisierter Finanzdienstleistungen (höhere Sicherheit, Datenkontrolle und Transparenz), dezentralisierte Identitäten (privatsphärenschützende Identitätsverwaltung), dezentrales Datenmanagement (Datenkontrolle und Sicherheit der Kundendaten), automatisierte Prozesse (z. B. durch Smart Contracts) sowie eine erhöhte Sicherheit von Finanztransaktionen und Datenschutz (Verwendung Kryptografie und dezentralen Technologien).

Gleichwohl bedingt die Implementierung von web 3.0-Technologien in das Bankwesen teils erhebliche technische Herausforderungen, beispielsweise die Integration in bestehende Kernbankenverfahren. Des Weiteren ist zu erwarten, dass die Anforderungen der Regulierung an ein dezentralisiertes Web, voraussichtlich (deutlich) komplexer werden.

Die Nutzungsdaten der Kunden bzw. User im Allgemeinen werden in gigantischen Datenbanken gesammelt (Metadaten). Durch die wachsende Digitalisierung kommen weltweit jeden Tag in Unternehmen und Institutionen erhebliche Datenmengen von Menschen hinzu. Werden die zahlreichen Daten einer Einzelperson sodann miteinander verbunden, leiten sich hieraus Möglichkeiten ab, zielgenau Psychogramme von Einzelpersonen zu erstellen und damit wesentliche Faktoren der Persönlichkeit eines (jeden) Menschen zu erhalten.

Die individuellen, gesellschaftlichen, unternehmerischen und (staats-) politischen Chancen und Risiken dieser Entwicklungen sind erheblich und müssen deshalb in einer Demokratie dauerhaft am Gemeinwohl ausgerichtet und kritisch reflektiert werden.

Im einfachsten Fall können Unternehmen so beispielsweise Kunden, die Urlaubsreisen im Web recherchieren, als Zielgruppe für Ausreisekrankenversicherungen, Kreditkarten oder Kontovollmachten identifizieren. Die Informations- und Kommunikationstechnologie wächst in den Bereichen Informationstechnologie, Elektronik und Telekommunikation immer mehr zusammen, sodass beim Nutzer regelmäßig neue Anwendungsmöglichkeiten entstehen, beispielsweise das Empfangen/Bearbeiten von E-Mails am TV-Gerät oder das Nutzen des Handys als Steuerungsgerät anderer Anwendungen (z. B. Smart-Technologien). Die „Generation Smartphone" nutzt Bankgeschäfte heute immer mehr über mobile Applikationen und setzt dabei die Flexibilität des Internets mit unterschiedlichen Zugangsmöglichkeiten auf verschiedenen Endgeräten selbstverständlich voraus. Die Monopolkommission der Bundesregierung untersuchte zuletzt in einem Sonderkapitel des 21. Hauptgutachtens aktuelle Wettbewerbsfragen im Bereich der Sharing Economy und bei digitalen Finanzdienstleistungen (vgl. Monopolkommission 2016). Dabei verweist sie in diesem Hauptgutachten bereits 2016 auf den Deutschen Sparkassen und Giroverband (DSGV) und die Relevanz digitaler Zugangswege, nachdem Kunden den Kontakt zur Sparkasse zu diesem Zeitpunkt inzwischen 200-mal häufiger über ihre Smartphone-App suchten, als über eine Geschäftsstelle.

Das Multi-Channel-Banking hat sich weiterentwickelt zum Omni-Channel-Banking, das dem Kunden grundsätzlich eine freie Wahl des Zugangs zur Bank ermöglicht. Bankprodukte werden nicht mehr isoliert über einzelne Vertriebskanäle angeboten. Kunden können Bankprodukte vertriebskanalübergreifend in Anspruch nehmen. So entsteht beim Kunden eine nahtlose und konsistente Beratungserfahrung, die unabhängig davon ist, ob der Kunde Online, Mobil oder stationär in einer Filiale agiert. Digitalisierung ist hierbei wesentlich, um eine parallele Bereitstellung unterschiedlicher Beratungs-/Vertriebskanäle überhaupt anbieten zu können.

Omni-Channel-Banking bietet Kunden Flexibilität und Convenience und hat deshalb eine hohe Relevanz. Dies kann aus Kundensicht ein Grund der Wertschätzung sein, die Kundenbindung zu erhöhen. Banken erhalten hierdurch ihrerseits Möglichkeiten, Kunden besser zu verstehen und damit zielgerichtet und bedarfsgerecht zu bedienen. Datenanalysen und maschinelles Lernen ermöglichen zugeschnittene personalisierte Angebote und damit weitere Möglichkeiten die Kundenbindung zu verbessern. Omni-Channel-Banking kann durch das Nutzungsverhalten der Kunden zudem dazu beitragen, Prozesse zu automatisieren und das Filialnetz neu auszurichten, um Kosten zu reduzieren.

So werden zahlreiche Bankprodukte und -dienstleistungen, z. B. Überweisungen, Daueraufträge, Online Festgeld- und Kreditangebote, Zinskonditionenvergleiche und -abschlussmöglichkeiten über Vergleichsportale, Wertpapier-, Sorten-, Edelmetalltransaktionen, MultiBanking Finanzplanung, Finanzanalyse, digitale Vermögensverwaltung, Kapitalmarktinformationen, Serviceleistungen wie eSafe, Daten- und Limitänderungen, PIN-/TAN-Verwaltungen u. v. m. inzwischen durch moderne browserbasierte Internetbanking-Systeme mittels Portal-Funktionen Online durchgeführt.

Die Abwicklung von Bankgeschäften ist dabei inzwischen selten ortsgebunden, sondern kann mittels Mobile-Banking, d. h. unter Zuhilfenahme von mobilen Endgeräten (z. B. Smartphones) durchgeführt werden.

In diesem Kontext entwickeln sich beispielsweise die Möglichkeiten des Mobile Payment als eine elektronische Zahlungsform mittels mobiler Endgeräte, dynamisch weiter. Durch die EU-Zahlungsdienste-Richtlinie II (PSD II) und der Verpflichtung der Banken Drittdienstleistern Schnittstellen einzurichten, stehen in Deutschland seit 2018 Softwarelösungen wie z. B. Apple Pay und Google Pay zur Verfügung.

Im Allgemeinen ist die PSD II eine EU-Richtlinie, um Zahlungsdienste und Zahlungsdienstleister zu regulieren und die nachstehenden Ziele herbeizuführen:

- Erhöhte Sicherheit im Zahlungsverkehr
- Stärkerer Verbraucherschutz
- Förderung von Innovationen
- Steigerung der Wettbewerbsintensität im Markt

Eine erhöhte Wettbewerbsintensität, führt üblicherweise auch zu neuen innovativen Lösungen. PSD II erlaubt es Kunden, Zahlungstransaktionen einfacher und schneller durchzuführen, was gemeinhin zu einem verbesserten Kundenerlebnis führt. Ergänzende diesbezügliche Vorschriften erhöhen die (Daten-)Sicherheit von Zahlungstransaktionen – so müssen beispielsweise Online- und Kartenzahlungen ab dem 14. September 2019 stets durch zwei unabhängige Merkmale aus den Kategorien Wissen (z. B. Passwort, PIN), Besitz (z. B. Karte, Smartphone, TAN-Generator) oder Inhärenz (z. B. Fingerabdruck) bestätigt werden.

Zudem leitet sich aus der EU-Zahlungsdienste-Richtlinie II eine strengere Überwachung und Regulierung von Zahlungsdienstleistern ab, was zu einer erhöhten (Markt-)Transparenz führt.

Mit der Einführung der EU-Zahlungsdienste-Richtlinie II (PSD II) in 2018 standen zu Beginn mit der Implementierung die hohen Kosten für Kreditinstitute und Zahlungsdienstleister in der Kritik. Darüber hinaus ist die PSD II eine komplexe Richtlinie, die hinsichtlich Datensicherheit und Datenschutz in Bezug auf Drittanbieter wiederkehrend kritisch diskutiert wird.

Die orts- und zeitungebundene Inanspruchnahme von Bankprodukten und -dienstleistungen entwickelt sich weiter und bezieht z. B. Einkäufe mit der Kreditkarte, Geldeinzahlungen 24/7 am Cash-Recycler in der Bank sowie Geldauszahlungen beim Tanken oder Einkaufen im Supermarkt ein.

Eine wesentliche Herausforderung des Kreditinstitutes besteht darin, dem Kunden über jeden Zugangskanal dauerhaft eine gleichbleibend hohe Qualität der unterschiedlichen Bankdienstleistungen seiner Bank bereitzustellen.

Dass digitale Vertriebskanäle analoge Kanäle, beispielsweise Bankfilialen, absehbar komplett substituieren, ist aktuell nicht erkennbar. Bankgeschäft ist Vertrauensgeschäft. Insofern wird der Mensch, wenn auch zukünftig im Kontext eines anderen Kompetenzverständnisses, weiterhin eine wichtige Funktion im Bankgeschäft haben. Gleichwohl ist deutlich sichtbar, dass durch einen Anstieg der digitalen (Kunden-)Transaktionen bei einem zeitgleich erheblichen Rückgang der Transaktionen im Filialgeschäft, Auswirkungen auf die Rolle der Filiale haben. Gem. einer Bitkom-Studie (vgl. Bitkom e. V. 2021a) ist es für 68 % der Kunden sehr wichtig bzw. eher wichtig eine persönliche Beratung am Schalter in Anspruch nehmen zu können. Nahezu ebenso bedeutsam (67 %) sind den Kunden indes auch Digitale Angebotewie Online- Banking, eine Banking-App oder Online-Beratung zu nutzen. Dabei nutzen bereits 35 % aller Kunden ausschließlich Online-Banking.

Die Digitalisierung hat die Vertriebswege der Banken nicht nur im Online Banking und Mobile Banking tiefgreifend verändert.

In der allgemeinen Wahrnehmung der Öffentlichkeit wird die Künstliche Intelligenz mit „ChatGPT" (Generative Pre-trained Transformer) seit November 2022 erlebbar wahrgenommen. Die Möglichkeiten dieses Chatbots vom Unternehmen OpenAI basieren als textbasiertes Dialogsystem auf einem Maschinenlernmodell. In nahezu allen Institutionen weltweit werden seitdem Möglichkeiten und Grenzen weiterer Entwicklungen intensiv diskutiert – ChatGPT als P r o t o t y p lässt die Disruptionsdynamik zukünftiger Innovationen und deren Einsatzmöglichkeiten erahnen.

Bereits heute können Chatbots und Künstliche-Intelligenz-Technologien Bankkunden unterstützen bankspezifische Fragen zu beantworten. Das kann dazu beitragen, Kundenbetreuer zu entlasten und den Fokus der freiwerdenden Ressourcen deutlicher auf beratungskomplexe Vorgänge zu richten. Bankkunden können insofern eine digitale Finanzberatung über Chatbots, KI-gestützte Plattformen oder Videoanrufe online erhalten.

Eine permanente Erreichbarkeit überzeugender maschineller Beratungsangebote kann dazu beitragen, den Kundenservice in Kreditinstituten zu verbessern und damit die Kundenzufriedenheit zu erhöhen.

Kreditinstitute haben durch den Einsatz von Automatisierung und Künstliche-Intelligenz-Technologien Möglichkeiten Geschäftsprozesse zu beschleunigen, Kosten selektiv zu reduzieren und deren Effizienz zu steigern.

Darüber hinaus können Kreditinstitute Social Media als Kommunikations- und Vertriebskanal nutzen. Bankdienstleistungen werden hierbei über soziale Medienplattformen (z. B. Facebook, Twitter) angeboten – im Bereich der Kommunikation sind zahlreiche weitere Technologien sozialer Medien anzudenken, beispielsweise Blogs, Webinare, soziale Netzwerke, Newsgruppen, Foren oder Instant Messenger. Banken können durch den Einsatz sozialer Medien und dem Angebot einer digitalen Finanzberatung neue Kunden heute (weltweit) erreichen, mit der Möglichkeit der Erweiterung des eigenen Kundenstamms.

Banken haben ihre Vertriebs- und Kommunikationskanäle für Kunden und den Zugang zu Bankdienstleistungen in den letzten Jahren deutlich erweitern und verbessern können. Insbesondere durch COVID-19 entfalteten zahlreiche digitale Entwicklungen eine erhebliche katalytische Wirkung.

Gleichwohl stehen diesen Entwicklungen vielfältige Herausforderungen entgegen, wie z. B. Themen des Datenschutzes (Speicherung sensibler Kundendaten), Aufbau und Erhalt komplexer Technologie-Infrastrukturen oder der Umgang mit heterogenen Kundenerwartungen im Kundenstamm der Kreditinstitute.

Die Übertragung von Bankdaten via Internet birgt stets Risiken durch Cyber-Kriminalität im Allgemeinen (z. B. Datenmissbrauch, Hackerbedrohungen). Kreditinstitute müssen insofern (weitgehend) sichere und zuverlässige Datensicherheitssysteme und -prozesse implementieren. Umgekehrt führen Ausfälle und Störungen zum Verlust von Kundenvertrauen, sodass eine zunehmende Verlagerung von Bankprozessen auf digitale Kanäle in eine Technologieabhängigkeit (Ausfall technischer Systeme) führen kann, die den Erfolg oder Misserfolg eines Kreditinstitutes maßgeblich bestimmt (vgl. Deutsche Bundesbank 2021).

Welche ausgewählten digitalen Entwicklungen werden Banken in der Zukunft nachhaltig transformieren? In Kurzform:

Künstliche-Intelligenz-Technologien (KI)

Die Einsatzmöglichkeiten der KI im Bankgeschäft sind weitreichend und werden im Besonderen dazu beitragen, die Geschäftsmodelle von Banken in der Zukunft zu verändern. Künstliche-Intelligenz-Technologien ermöglicht es Kreditinstituten sehr große Datenmengen schnell zu analysieren. Kreditinstitute werden deshalb datengetriebene Geschäftsmodelle entwickeln, um Kunden immer mehr personalisierte und zielgerichtete Produkt- und Dienstleistungsangebote optimiert anzubieten. So können durch Datenanalyse und maschinelles Lernen beispielsweise zielgerichtet Angebote für Kredite, Investitionen oder Versicherungen erstellt werden, welche die spezifischen Bedürfnisse und Verhaltensmuster von Kunden konkret einbeziehen (Kundenservice). Dies wird zu einer effizienteren und schnelleren Abwicklung von Bankgeschäften führen, beispielsweise durch die Verwendung von KI-basierten Tools für die Finanzplanung und -beratung (Automatisierte Finanzdienstleistungen).

Bei der Entwicklung digitaler Banken wird die KI digitale und datengetriebene Geschäftsmodelle prägen, deren finanzwirtschaftliche Aktivitäten regelmäßig ganzheitlich auf digitale Plattformen basieren, um den Kunden sehr zeitnah personalisierte Finanzdienstleistungen anzubieten. Hierzu werden sodann auch Kooperationen mit Fintech-Unternehmen gehören, um innovative Finanzdienstleistungen zu entwickeln.

Banken werden die Vorteile der KI nutzen. KI wird zukünftig nahezu alle bankbetrieblichen Aktivitäten beeinflussen, beispielsweise im Risikomanagement oder der Einhaltung regulatorischer Anforderungen (vgl. Liermann, V. und Stegmann, C. 2019, S. 163–176, 241–258), der Betrugserkennung (Fraud Management), Personalmanagement, Kommunikation u. v. m. Gleichwohl sind die Herausforderungen von KI-Systemen stets zu reflektieren, denn KI-Technologien können Fehler machen und Kreditinstitute müssen Kontrollmechanismen entwickeln und vorhalten, um diese Fehler zu erkennen und zu beheben. Insbesondere deshalb, da KI-Systeme gemeinhin komplexe Entscheidungen treffen (sollen) (vgl. Glaser, C. 2022, S. 72–84).

Aktuell billigt insofern die Bundesanstalt für Finanzdienstleistungsaufsicht (BaFin) algorithmenbasierte Entscheidungsprozesse für sich genommen in der Regel nicht (vgl. BaFin 2021).

Virtual Reality und Augmented Reality
Kreditinstitute könnten zukünftig verstärkt virtuelle Umgebungen z. B. mittels Virtual Reality und Augmented Reality einbinden. Kunden werden hierbei immersive Erfahrungen bei der Durchführung von Bankgeschäften erleben, d. h. durch illusorische Stimuli wird die virtuelle Welt durch den Kunden als (nahezu) real empfunden, beispielsweise der (virtuelle) Besuch einer Filiale.

Blockchain-Technologie
Eine der bekanntesten Distributed-LedgerTechniken (DLT) ist die **Blockchain,**
z. B. als Grundlage für Kryptowährungen. Die Blockchain wird deshalb auch syn-
onym für die DLT verwendet, obgleich es noch andere DLT-Architekturen gibt, die
sich insbesondere hinsichtlich Validierung und Speichermöglichkeit voneinander
unterscheiden.
  Die Blockchain hat beispielsweise eine hohe Relevanz im Kontext von Industrie
4.0 (Vernetzung von Maschinen, Produktionsketten, Prozesssteuerung u. a). Darüber hinaus entstehen hierdurch Möglichkeiten einer technologischen Vernetzung
z. B. Kommunikation zwischen Maschine und Maschine und die selbstständige
Durchführung von Zahlungen (ohne menschliches Zutun). Machine-to-Machine-
Economy (M2M-Economy) und Internet of Things (IoT) sowie die komplementären
Bezahlvorgänge sollen in Echtzeit durchgeführt werden, sodass zukünftig im
Besonderen für die Netz-Infrastruktur der Ausbau eines 5G-Netzes und eines
flächendeckenden Netzes von Glasfaser-Internetverbindungen notwendig ist.
  In einem weiteren nächsten Schritt werden sodann bereits gesamtheitliche Ent-
wicklungskonzepte (u. a. mittels DLT-Technologie) für gesamte Lebensräume
entworfen (Smart Cities).

Biometrie-Technologie
Eindeutige (sicherheitsrelevante) Erkennung von Personen anhand körperlicher
oder verhaltensbedingter Merkmale, beispielsweise werden Gesichts- und Stim-
merkennungen sowie Fingerabdruck oder Augeniris eingesetzt, um Kunden-
Authentifizierung und Autorisierung bequemer und sicherer durchzuführen.

Gamification
Gamification-Methoden können dazu beitragen Kunden zu motivieren (Verbraucherschutz), finanzwirtschaftliche Produkt- und Dienstleistungsangebote kritischer
zu reflektieren (vgl. Capgemini 2022, S. 9–11).

Open-Banking-Lösungen
Kreditinstitute werden vermehrt Open-Banking-Lösungen beispielsweise plattformbasiert oder im eigenen Produkt- und Dienstleistungsangebot einbinden, um
einen erweiterten Zugang zu Finanzdienstleistungen anzubieten, z. B. Kredite,
Investitionen oder Versicherungen.

Integration von Social-Media-Plattformen
Um direkt mit Kunden zu kommunizieren und ein Produkt- und Dienstleistungsangebot zu offerieren, könn(t)en Kreditinstitute Social-Media-Plattformen wie z. B. Facebook, Twitter und LinkedIn nutzen.

Cloud-Computing
Kreditinstitute setzen zunehmend Cloud-Computing-Technologie ein (Details siehe Abschn. 3.3), um hierdurch eine kosteneffiziente Skalierbarkeit der IT-Systeme sicherzustellen und die Bereitstellung sowie Kundenverfügbarkeit zu erhöhen.

Mobile Banking
Mobile Bankdienstleistungen werden ausgebaut, um den Bedürfnissen der Kunden in einer mobilen und vernetzten Welt „24/7" zu entsprechen. Hierzu gehört neben der Möglichkeit finanzwirtschaftliche Produkt- und Dienstleistungen in Anspruch zu nehmen auch die Möglichkeit der Überwachung und Kontrolle. Kunden können Finanzen und Konten weltweit einsehen, Überwachungsbenachrichtigungen einrichten und in Echtzeit Kontoveränderungen und Informationen verwalten.

So werden Transaktionen weiterhin auf kostenreduzierende und automatisierte Vertriebskanäle verlagert, beispielsweise durch Neuentwicklungen bei Selbstbedienungsgeräten (SB-Geräte), Web- und Videotechnologie (auch in Verbindung mit SB-Geräten) und dem Ausbau von Portal-Angeboten browserbasierter Internetbanking-Systeme.

Insgesamt wird die Digitalisierung der relevanten Prozesse innerhalb einer Bank in nahezu allen Instituten in den kommenden Jahren wiederkehrend auf dem Prüfstand stehen.

3.2 Kundenzentriertheit in einer digitalen Welt

Kundenbindung entsteht nicht abstrakt durch Technik, sondern in Kombination mit dem bestehenden Produkt- und persönlichen Kompetenzportfolio einer Bank. Insofern stehen Kreditinstitute immer mehr vor der Herausforderung, Möglichkeiten zu entwickeln, ihre ONLINE-Bank mit der VOR-ORT-Bank zu verknüpfen, um den Kunden nicht in der digitalen Welt zu verlieren.

Digital agierende Wettbewerber fokussieren hierbei Teile der Wertschöpfungskette von Kreditinstituten als eigenes Geschäftsmodell, um möglicherweise mit geringeren Kosten Marktanteile zu gewinnen, beispielsweise PayPal, als Anbieter

eines Online-Bezahlsystems. Darüber hinaus bieten im Kerngeschäft der Kreditinstitute Non Banks, beispielsweise Einzelhändler, Telekommunikations- und Inter-
netanbieter oder Plattformen, ausgewählte Einlagenprodukte, Verbraucherkredite
und Zahlungsverkehrsdienstleistungen an.

Um Kreditinstitute auf den Kundenkontakt in einer digitalen Welt auszurichten, gibt es nicht **d a s** Konzept. Die Geschäftsmodelle in den einzelnen
Instituten sind sehr unterschiedlich und erfahren durch Managemententschei-
dungen mitunter kurzfristig abrupte Strategieänderungen, z. B. hinsichtlich der
Filialkonzepte.

Kreditinstitute werden dabei immer wieder kritisiert, dass sie die Geschäftsmodelle (teils) nicht ausreichend fokussiert am Kunden ausrichten.

Dabei ist es in der Regel nicht ein Erkenntnisdefizit, Prozesse kunden-
orientierter auszurichten, um dadurch Kundenbeziehungen im Bankwesen zu
stärken. Personalisierte Angebote, Chatbots und KI-basierter Kundensupport, Prozessautomatisierung (Robotic Process Automation, RPA) oder Datengetriebene
Entscheidungen sind hier exemplarisch in diesem Kontext genannt.

Die Neuausrichtung eines Kreditinstitutes ist indes deutlich komplexer im
Unterschied zu einem (vermeintlich) agileren FinTech-Unternehmen, beispielsweise aus rechtlichen Gründen oder der vorhanden gewachsenen IT- Infrastruktur.

Wesentliche Herausforderungen bestehender Kernbankenverfahren in Ban-
ken sind teils eine Überalterung und Ineffizienz. Die Effizienz der bestehenden
Systeme ist reduziert und es kann hierdurch zu Integrationsproblemen neuer
Technologien kommen, beispielsweise dadurch, dass der Einsatz Künstlicher
Intelligenz, Blockchain oder Cloud-Computing bei bestehenden Banken oft nicht
in das bestehende IT-System integriert werden kann.

Darüber hinaus müssen Banken in diesem Kontext regelmäßig ändernde
gesetzliche Vorschriften und Regulierungsanforderungen erfüllen, die gewöhnlich
zu Verfahrenskomplexitäten und zusätzlichen Kosten führen.

Demgegenüber stehen oftmals FinTech-Unternehmen, die innovative digitale
finanzwirtschaftliche Produkt- und Dienstleistungslösungen anbieten, sodass eine
erhöhte Wettbewerbsintensität entsteht, die traditionelle Kreditinstitute zu einer
Adjustierung der eigenen Geschäftsmodelle drängt.

Dabei agieren Universalbanken als komplexe Organisationseinheiten, die ihren
Kunden z. B. die Sparkasse oder Volksbank „seit Generationen" Bankprodukte
und -dienstleistungen anbieten. In der Wahrnehmung der Kunden sind diese
Bankprodukte und -dienstleistungen früher wie heute in der Regel abstrakt, d.
h. haptisch nicht erlebbar. Wenn sich das Produktportfolio der Kreditinstitute
nun innovativ und dynamisch verändert, nehmen Kunden das typischerweise

nicht in dem Maße wahr, wie etwa bei Konsumgütern. Da Bankprodukte und - dienstleistungen in Universalbanken nicht patentierbar und damit deckungsgleich vorhanden sind, besteht das Risiko, dass Innovation nicht einzigartig, sondern austauschbar wahrgenommen wird.

Ein innovatives Bankprodukt steht somit in einer Reihe neben vielen anderen, standardisierten Bankprodukten. Der Kunde entwickelt hiernach ein deutlich geringeres Interesse, um ein innovatives Alleinstellungsmerkmal und einen besonderen Produktnutzen zu vermuten bzw. ein solches in seinem Kreditinstitut aktiv zu suchen.

Banken und Sparkassen treiben in diesem Kontext ihre digitalen Entwicklungen in den letzten Jahren deutlich stärker durch Kooperationen oder Beteiligungen an innovativen Unternehmen voran. Innovative Produktentwicklungen können sodann in das eigene Kernbankenverfahren integriert oder als Beteiligungslösungen deutlich vermehrt als eigene Marke über Schnittstellen ins eigene Kreditinstitut etabliert werden.

Obgleich z. B. Fin-Techs Lösungen durch Integration in das bestehende Kernbankensystem oder Schnittstellenentwicklungen (API) anbieten, müssen diese Lösungen insgesamt mit dem strategischen Geschäftsmodell und dem daran ausgerichteten Kernbankenverfahren einer Bank harmonieren, um langfristig aus Banksicht nicht einen komplexen und starren, digitalen Flickenteppich zu entwickeln. Um attraktive Finanzdienstleistungen anzubieten, ist nicht nur der Einsatz moderner Technologien relevant, sondern auch der intensive Einsatz zielgerichteter Kundendaten, beispielsweise im Rahmen von CRM-Systemen (Customer-Relationship-Management-Systeme), Big Data und Web 3.0.

CRM-Systeme haben in Kreditinstituten eine hohe Relevanz den Kundenkontakt zu verbessern und die Kundenbindung zu intensivieren (vgl. Brühl, V. 2018). Sie sind somit ein wichtiger Bestandteil der Kundenbindungsstrategie einer Bank, u. a. um Kunden personalisierte Marketing- und Kundenserviceangebote bereitzustellen. Einsatzmöglichkeiten sind beispielsweise das Kundendatenmanagement, Personalisierte Marketingkampagnen, Cross-Selling und Up-Selling-Möglichkeiten, Kundenservice-Optimierung (insbes. durch eine zielgerichtete Kundenkommunikation) aber auch die Überwachung und Beurteilung von Risiken kundenbezogener Finanztransaktionen im Risikomanagement (vgl. Harmon, R. 2019).

Hierdurch können verändernde Kundenpräferenzen und Marktbedingungen zeitnah erkannt und auf das bankbetriebliche Produktportfolio übertragen werden.

Die Unternehmensberatung Accenture konnte bereits 2017 in einer Studie (vgl. Accenture 2017) unter rund 33.000 Konsumenten in 18 Ländern und Regionen

aufzeigen, dass weltweit etwa ein Drittel (31 %) der Konsumenten Bankdienstleistungen von Google, Amazon, Facebook oder Apple (GAFA) nutzen würden
(in BRD: 25 %). Fast zwei Drittel (63 %) der Verbraucher ist an persona-
lisierten Banking-Lösungen interessiert, die ihre individuellen Lebensumstände
berücksichtigen. Darüber hinaus würden weltweit 67 % (BRD: 58 %) ihrer Bank
Zugang zu mehr personenbezogenen Daten gewähren – allerdings: Im Gegen-
zug zur Weitergabe ihrer Informationen wünschen sich die Verbraucher mehr
Beratungsdienstleistungen und individuellere Beratung.

D. h. Kunden akzeptieren vermehrt die Analyse personenbezogener Daten,
wenn sich für sie hieraus erkennbare Mehrwerte ableiten. Diesem Mehrwert
steht im Zeitalter der Digitalisierung u. a. Vertrauen und Sicherheit der Daten
gegenüber.

Gem. einer Bitkom-Studie (vgl. Bitkom e. V. 2021b) ist das allgemeine Vertrauen der Menschen gegenüber Herstellern oder Dienste-Anbietern im Umgang
mit Daten in Europa (48 %) und Deutschland (53 %) hoch bis sehr hoch. Das
diesbezügliche Vertrauen der Menschen in anderen Staaten (Märkten) ist deutlich
geringer beispielsweise China (11 %), Russland (17 %), USA (19 %) oder Indien
(23 %).

Der Bundesverband deutscher Banken (BdB) weist in den Ergebnissen einer
repräsentativen Bevölkerungsumfrage in Deutschland („Sicherheit und Nutzung
von Online Banking" 2021) aus, dass Banken und Sparkassen gegenüber den
GAFA-Unternehmen bei dem Thema Datensicherheit einen deutlichen Vertrau-
enssprung haben. 78 % der Befragten bewerten die Datensicherheit in Banken
und Sparkassen mit gut (62 %) und sehr gut (16 %) – von den sog. GAFAs
beurteilen das Thema nur 21 % entsprechend (18 % gut, 3 % sehr gut).

Die (digitale) Transformation zu einem zukunftsweisenden Geschäftsmodell des Kreditinstituts gehört somit zu den zentralen Herausforderungen des
Managements.

3.3 Digitalisierung und ihr Einfluss auf die Geschäftsmodelle der Banken

Digitale Disruption – oftmals ist dieser Begriff mit Unsicherheit vor der Zukunft
verbunden. Ein Modewort, das prägnant darauf hinweist, dass Bestehendes
wiederkehrend durch Neues verdrängt wird.

In diesem Sinne sollte Digitale Disruption nicht bedrohlich, sondern besser evolutionär als Herausforderung angenommen werden, in dem Wissen, dass
komplexe (Wirtschafts-)Systeme durch fortwährende Störungen erprobt werden

und sich weiterentwickeln. Digitalisierung verändert seit Jahren die Lebensbereiche der Menschen nachhaltig und damit die Geschäftsmodelle unterschiedlichster Branchen. Exemplarisch stehen hierfür Unternehmen wie Amazon, Apple, Doc Morris, Facebook, Google, Tesla, oder Uber. Erstaunlich ist indes das Tempo, mit dem digitale Veränderungen fortschreiten. Das Internet als globales Verbundsystem von Rechnernetzwerken und damit die Nutzung des World Wide Web sowie die E-Mail Nutzung wurde erst seit 1993 mit ersten grafikfähigen Webbrowsern vorangetrieben. Unternehmen wie Amazon (1994), Google (1997), PayPal (1998) und Facebook (2004) sind evolutionär betrachtet noch Heranwachsende. Obgleich Apple 1976 gegründet, wurde das erste I-Phone erst am 09. Januar 2007 eingeführt. Seitdem begründen Digitale Technologien dynamisch fortlaufende Veränderungsprozesse, welche die gesamte Gesellschaft betreffen, d. h. Privatpersonen und Unternehmen. Digitale Technologien gehören zu den wesentlichen Treibern der digitalen Transformation, insbesondere im Rahmen digitaler Infrastrukturen (z. B. Netze), digitaler Anwendungen (z. B. Apps, Webanwendungen) und digitaler Verwertungspotenziale (Geschäftsmodelle z. B. FinTechs). So drängen aus Sicht der Monopolkommission (2016) bereits vermehrt Front-End-Anbieter über digitale Schnittstellen herkömmlicher Banken zum Kunden, beispielsweise indem sie die Kundenschnittstelle für Mobile- und Onlinebanking besetzen.

Ein wesentlicher Schlüssel hierfür ist das Wissen um die Bedürfnisse des Kunden, um möglichst maßgeschneidert Bankprodukte, -lösungen oder -dienstleistungen zu entwickeln. Kreditinstitute sind im Vergleich zu anderen Unternehmen weit davon entfernt am gläsernen Kunden zu arbeiten. Argumente die vonseiten der Finanzbranche hierzu regelmäßig das restriktive Vorgehen bestimmen, begründen sich wiederkehrend im Datenschutz, Compliance, sowie ökonomisch und technisch herausfordernden Rahmenbedingungen.

Andererseits erfassen Unternehmen wie Amazon, Apple, Facebook, Google, teils mit europäischen Banklizenzen und nahezu konträr zum Ansatz der Kreditinstitute, längst seit Jahren über ihre Angebote beispielsweise Produktkäufe, App-Anwendungen, Suchfunktionen, Social Media- oder Instant-Messaging-Dienst-Anwendungen wie Snapchat, Facebook, WhatsApp, Instagram, Siri, Alexa (Amazon) u. a. sehr weitreichende (Kunden-)Informationen in ihren Clouds.

Möglichkeiten dieses Ansatzes
Internationale Aufmerksamkeit erlangte eine Studie von Michal Kosinski als ein führender Experte für Psychometrik an der Stanford University. Kosinski begann seine Studien bereits 2008 in Cambridge und verweist auf die weitreichenden Möglichkeiten mittels psychologischer Verhaltensanalysen nach dem 5-Faktoren

Modell der Persönlichkeitspsychologie (OCEAN-Modell). Dieses Modell begann die Entwicklung in den 1930er-Jahren und gilt in der Persönlichkeitsforschung heute international als das universelle Standardmodell.

Hiernach wird von Kosinski am Beispiel von Facebook aufgezeigt, dass mittels einer bestimmten Anzahl von (Kunden-)Informationen treffsicher Aussagen zu jedem einzelnen Menschen und deren Verhaltensweisen möglich sind. Kosinski zeigte beispielsweise, dass

- 68 Facebook-Likes eines Users ausreichen, um z. B. die Hautfarbe mit einer 95 %igen Wahrscheinlichkeit oder die politische Ausrichtung (Demokrat/Republikaner) zu 85 % zu bestimmen.
- 70 Likes ausreichen, um die Menschenkenntnis eines Freundes zu überbieten.
- 150 Likes ausreichen, um die Menschenkenntnis der Eltern zu überbieten.
- 300 Likes ausreichen, um das Verhalten einer Person eindeutiger vorherzusagen, als deren Partner.

Die Nutzer heutiger Anwendungen stellen den diesbezüglichen Unternehmen, hier Facebook, in kurzer Zeit f r e i w i l l i g ein Vielfaches an persönlichen Informationen zur Verfügung.

Wenn diese Unternehmen nunmehr durch Kombination

- Psychologischer Verhaltensanalyse (nach dem Ocean-Modell)
- Big-Data-Auswertungen und
- Ad-Targeting/Microtargeting (personalisierte Ansprache)

ihre Möglichkeiten nutzen, können sie in Zukunft ihre Kunden absolut zielgerichtet und bedürfnisorientiert ansprechen.

Wenn dann möglicherweise ergänzend z. B. durch die Blockchain-Technologie ein Transparenzmodell bzw. eine Plattform geschaffen wird, welches Unternehmen nutzen können, um Eigentumsübertragungen unterschiedlichster Art nachvollziehbar und rechtssicher durchzuführen, entstehen für einzelne Unternehmen vollends neue Geschäftsmöglichkeiten.

Unternehmen können mit dem vorstehenden Ansatz ihren Kunden über eigene solcher Plattformen bereits in naher Zukunft zielgerichtet zahlreiche denkbare Produkte anbieten. Selbstverständlich könnten diese Unternehmen ihren Kunden den Produkterwerb jederzeit durch ebenfalls auf sie zugeschnittene Finanzierungsangebote (incl. eigener Risikobewertungen des Kreditnehmers) entweder mit eigener Banklizenz eigenständig oder als Vermittler anbieten. (vgl. Glaser, C. 2022, S. 31–63).

Die Vorstellung etwa 2 Mrd. Menschen wie hier im Beispiel Facebook absolut zielgerichtet und bedarfsorientiert in Bezug auf Werbung, Produkte, Finanzierungen (ggf. in einer eigenen kryptischen Währung) etc. anzusprechen, lässt mögliche Geschäftspotenziale nur erahnen. Entsprechende Potenziale lassen sich auf Unternehmen wie Amazon, Apple, Google u. a. im Kontext von Big Data und Data Analytics entsprechend übertragen (vgl. Walker, T. et al. (Ed.) 2022, S. 3–9).

So bietet Amazon in vielen Ländern eigene Bezahldienste oder auch Konsumentenkredite an – ebenso weitet auch Apple seinen Bezahldienst Apple Pay auf immer mehr Länder aus.

Der Wettbewerb würde sich zweifelsohne erheblich verändern, wenn Google, Amazon, Facebook, Apple etc. in der Zukunft expansiv Bankgeschäfte betreiben würden.

Cloud-Computing

Der Einsatz von Informationstechnik hat eine zentrale Bedeutung für die Finanzwirtschaft und wird weiter deutlich an Bedeutung gewinnen. Die Nutzung von Cloud-Computing kann die Möglichkeiten einer Transformation von Geschäftsmodellen der (traditionellen) Banken hierbei deutlich ausweiten. Das Nutzen einer Cloud ermöglicht die Nutzung von Speicher- und Rechenkapazitäten oder Applikationen außerhalb eigener Rechenzentren. Die Nutzung dieser Ressourcen ist in der Regel über eine Programmierschnittstelle (API) möglich und wird durch die Anwender mittels einer Website oder App genutzt. Dabei gibt es unterschiedliche Cloud-Dienstleistungen. Die vier zentralen Servicemodelle sind Software as a Service (SaaS), indem Software z. B. MS Office in der Cloud bereitgestellt wird, Platform as a Service (PaaS), dadurch das Anwendungen durch die Bank in einer standardisierten Software-Umgebung des Cloud-Anbieters z. B. Google, Microsoft, Amazon entwickelt werden können oder Infrastructure as a Service (IaaS), d. h. Rechenzentren werden ausgelagert und eine Basisinfrastruktur bereitgestellt sowie Function as a Service (FaaS), d. h. beliebte Funktionen oder Funktionen mit hohen Rechenleistungen können ausgelagert werden. Wenn ein Kreditinstitut Kunden beispielsweise auf der eigenen Website die Möglichkeit zur Berechnung von komplexen Finanzauswertungen anbietet, können die Anfragen über eine Schnittstelle in die Cloud gesendet, dort verarbeitet und die Ergebnisse zurückgesendet werden. Hierdurch wird die Rechenkapazität der Bank reduziert und dem Kunden die Ergebnisse zeitnah bereitgestellt.

Cloud-Computing eröffnet Kreditinstituten insofern Möglichkeiten die alten teils über Jahrzehnte gewachsenen Strukturen der Kernbankenverfahren partiell zu verlassen, um die Geschwindigkeit der Entwicklung und Implementierung neuer Produkte und Applikationen (Apps) zu erhöhen. Darüber hinaus erschließen sich in der Cloud ebenso innovative Ansätze der Künstlichen Intelligenz oder Big Data Analysen durchzuführen (vgl. Glaser, C. 2022, S. 113–116).

Kreditinstitute erhalten hierdurch Möglichkeiten Geschäftsprozesse zu verbessern und Kundenerfahrungen zu intensivieren. IT-Ressourcen können flexibel bereitgestellt werden und sind skalierbar, ein wesentlicher Vorteil, um auf die fortwährenden Veränderungen und Anforderungen der Kunden und Geschäftsprozesse zu reagieren. Fortschrittliche Technologien entwickeln sich dynamisch, sodass Banken durch den Einsatz von Cloud-Computing stets auf neueste Technologien und die erforderlichen Ressourcen zugreifen können, um Kunden zeitgemäß und zielgerichtet zu bedienen.

Hiermit einhergehend kann Cloud-Computing zu Kostenreduktionen führen. Kreditinstitute können sodann „freiwerdende" Mittel aus Investitionen in ihre IT-Infrastruktur in das eigene Kerngeschäft investieren.

Obgleich Cloud-Computing zahlreiche Vorteile für Kreditinstitute ausweist, sind auch Risiken einzubeziehen, die durch den Einsatz von Cloud-Computing entstehen können (vgl. Bhatia, M. 2022, S. 135–146). So können vorstehend erläuterte Möglichkeiten sich ebenso in das Gegenteil verkehren, wenn die Funktionsfähigkeit beeinträchtigt ist. Hier können beispielsweise Datenverluste/-lecks zu erheblichen Konsequenzen für Kunden und die Bank selbst führen. Kreditinstitute haben neben der Datensicherheit und Datenintegrität zahlreiche gesetzliche und regulative Anforderungen zu erfüllen, deren unbedingte Einhaltung durch den Cloud-Dienstleister sichergestellt sein muss. Gleiches gilt für die dauerhafte Bereitstellung der IT-Systeme, deren Verfügbarkeit durch Störungen in der Cloud-Infrastruktur eingeschränkt werden kann.

Die Kosten einer Cloud-Computing-Lösung können langfristig die Kosten eigener IT-Systeme durchaus übersteigen, beispielsweise durch die Inanspruchnahme und Skalierung von Ressourcen sowie die Preissetzungsmöglichkeiten der Provider.

Der Zugang zu einer Cloud kann unterschiedlich erfolgen, im Besonderen in Form einer Public Cloud (breite Öffentlichkeit), Private Cloud (ausschließlich eine Organisation oder ein Unternehmen), Hybrid Cloud (Kombination Public Clouds und Private Clouds nach Kundenbedürfnis) oder einer Community Cloud (Public Cloud für einen beschränkten Nutzerkreis z. B. jeweils ausgewählte städtische Behörden, Universitäten, Unternehmen). Daneben gibt es Mischformen der vorstehend genannten Cloud-Typen.

Die Anforderungen an das Outsourcing von Dienstleistungen und Prozessen in den Instituten (§ 25 KWG) und damit z. B. der Zugang zu einer Cloud werden in Deutschland insbesondere durch die Mindestanforderungen an das Risikomanagement (MaRisk) und die Bankaufsichtliche Anforderungen an die IT (BAIT) konkretisiert. Kreditinstitute können sich deshalb bei der Transformation ihrer Geschäftsmodelle nicht nur am technisch Machbaren ausrichten, sondern werden durch die regulatorischen Rahmenbedingungen, z. B. Kritische Infrastrukturen, operative Informationssicherheit, IT-Notfallmanagement und Management der Beziehungen mit Zahlungsdienstnutzern deutlich reglementiert.

Insofern ist es auch im Umgang mit personengebundenen Daten in Produktionssystemen mit Hyperscalern (Google, Amazon, Microsoft etc.) wesentlich, diesen Umgang (weltweit) gesetzlich zu regeln – beispielsweise in Analogie zur EU-Datenschutzgrundverordnung (DSGVO). Andernfalls ist es Kreditinstituten nur möglich, Cloud-Dienste mit nicht-personen-gebundenen Daten oder mit personengebundenen Kundendaten in Entwicklungs- und Testumgebungen zu nutzen, damit z. B. Bankdaten deutscher Kunden nicht auf Servern von Hyperscalern in Nicht-EU-Ländern gespeichert und verarbeitet werden.

Plattformökonomie

Plattformökonomie verändert bereits heute in zahlreichen Branchen die Geschäftsmodelle von Unternehmen. Die Plattform bildet dabei eine digitale Grundlage für Institutionen und Individuen mittels eines einheitlichen Standards. Wesentliche Attribute einer Plattform sind die Möglichkeiten Skaleneffekte um einen bestimmten Geschäftsfokus und deutliche Produktivitätsgewinne zu erzielen. Dabei bieten Plattformunternehmen üblicherweise einen Leistungsaustausch zwischen Institutionen und Individuen oder Leistungsangebote auf einer Plattform an – sowie eine Kombination dessen (Integrationsplattform).

Diesen Plattformen zugerechnet werden beispielsweise Unternehmen wie Google, Amazon, Facebook, Uber oder Airbnb – in China entsprechend die Plattformen Alibaba, Baidu oder Tencent.

Wenn Technologiekonzerne, Versicherungen oder Drittanbieter nunmehr zunehmend Finanzdienstleistungen anbieten, besteht das Risiko, dass aus Kundensicht eine trennscharfe Abgrenzung der Branchen und damit auch Alleinstellungsmerkmale der Branchen sukzessiv abnehmen. Umgekehrt leiten sich für Kreditinstitute hieraus Möglichkeiten im Kontext von Plattformen ab, eigene Geschäftsmodelle zu transformieren, beispielsweise durch die Integration von Bezahl- und Finanzierungsfunktionen (Embedded Finance) in die Prozess- und Wertschöpfungsketten von Online-Anbietern wie „Buy now, pay later" o. a. Ein weiteres Beispiel ist die Integration von Kredit- und Leasingangeboten in die Kaufabwicklung von Autohändlern. Der Kunde kann unmittelbar vor Ort eine Finanzierungsentscheidung treffen und bekommt (unmittelbar) eine individuelle Lösungsalternative.

Des Weiteren können Kreditplattformen beispielsweise Unternehmensfinanzierungen erleichtern. Unternehmenskredite sind eines der klassischen Kerngeschäftsfelder der Bankenbranche. Die Effizienz von Kreditprozessen wird weiterhin in einem besonderen Fokus stehen. Dabei wird die Digitalisierung, ob disruptiv oder evolutionär, die bisherigen Prozesse der Finanzindustrie und deren Produktangebote nachhaltig verändern. Kreditprozesse sind heute teils ineffizient und nehmen erhebliche Ressourcen in Anspruch, personell und zeitlich (z. B. Aufbereitung und Dokumentation der Unterlagen einer Finanzierungsanfrage). Im Kontext einer wachsenden Komplexität unternehmerischen Handelns stellen Finanzierungsprozesse aus Kundensicht dabei nur einen Verantwortungsbereich neben anderen Aufgaben dar. Finanzierungsanfragen sind nicht standardisiert, sondern müssen institutsspezifisch erstellt werden. Sind im Kontext einer Finanzierung mehrere Banken involviert, müssen unterschiedliche Dokumente und Dokumentationen zum Teil wiederkehrend eingereicht werden. Informationsasymmetrien zwischen Kreditinstituten und Unternehmen führen in der Praxis regelmäßig dazu, dass Unternehmen Credit Advisor engagieren, um sicherzustellen, dass Finanzierungslösungen und -angebote optimiert am Interesse des Betriebes ausgerichtet sind.

Preis- und Konditionentransparenz sowie kurze Bearbeitungszeiten sind beispielsweise wesentliche Entscheidungskriterien bonitätsstarker Kunden im Firmenkundenkreditgeschäft. Digitale Prozesse und Produktlösungen müssen sich deshalb zielgerichtet an diesen Kundenbedürfnissen ausrichten. Grundsätzlich können alle Finanzierungsprodukte von Kreditinstituten plattformbasiert angeboten werden, die anbieter- und produktunabhängig individuell beraten werden können. Plattformbasierte Lösungen über Portale könnten die Geschäftsmodelle der Kreditinstitute im Weiteren transformieren, indem beispielsweise die Möglichkeiten marktführender Plattformbetreiber anderer Branchen, etwa im Kontext von Datenaufbereitungen, Rating oder der Bewertung von Sicherheiten einbezogen werden. So könnten Anwendungsschnittstellen (API) zu Banken Daten direkt in das Kreditentscheidungssystem der Banken übertragen und damit einen Abschluss der vertraglichen Vereinbarungen direkt über ein Portal erlauben – beispielsweise mittels Distributed-Ledger-Technologie (DLT) oder Smart Contracts.

Insgesamt werden sich zukünftige Geschäftsmodelle in der Finanzwirtschaft somit (zumeist) an offenen Infrastrukturen mit einer durchgängigen Daten- und Systemintegration ausrichten müssen. Kooperationen werden weiterhin in plattformbasierte Lösungen eingebunden, sodass Kreditinstitute in der Zukunft neben herausragenden digitalen Kompetenzen auch ein hohes Maß an organisatorischer und technischer Agilität mitbringen müssen.

Nachfrageverhalten im Wandel 4

Veränderungen im Nachfrageverhalten begründen sich gemeinhin mehrdimensional und nicht durch Einzelereignisse. Verhaltensweisen verändern sich sukzessive über einen Zeitraum, um typischerweise erst zu einem späteren Zeitpunkt durch Vergangenheits-/Gegenwarts-Vergleiche in der allgemeinen Wahrnehmung als verändert erkannt zu werden.

Kreditinstitute können ein wahrnehmbares verändertes Nachfrageverhalten üblicherweise nicht an einem einzelnen Bestimmungsfaktor festmachen, um nachfrageorientiert zu reagieren, beispielsweise hinsichtlich einer abnehmenden Kundenloyalität oder einer erhöhten Konditionssensitivität.

Sie stehen vor der Herausforderung, dass unterschiedliche Bestimmungsfaktoren, zeitlich verzögert (oftmals über Jahre) eine wahrnehmbare Relevanz beim Kunden entfalten und durch das Zusammenwirken zahlreicher Faktoren bisher gewünschte Bankprodukte/-dienstleistungen möglicherweise nicht mehr nachgefragt werden.

Das Thema Nachhaltigkeit ist hierfür ein Beispiel. Nachhaltigkeit war über einen langen Zeitraum sowohl in der Wirtschaft als auch in der Gesellschaft global ein Nischenthema. So hat sich die globale Klimakrise und deren Wahrnehmung über Jahrzehnte entwickelt – zuletzt deutlich dynamisiert, beispielsweise durch globale Klimastreik-Bewegungen (z. B. Fridays for Future) oder einem international gewachsenen politischen Fokus, beispielsweise dem klimapolitisch relevanten Übereinkommen in Form eines völkerrechtlichen Vertrags auf der 21. UN-Klimakonferenz im Dezember 2015 in Paris oder dem Übereinkommen der 26. UN-Klimakonferenz in Glasgow 2021.

Kunden erwarten von Produkten und Dienstleistungen in der Zukunft, dass diese die Kriterien der Nachhaltigkeit und sukzessive der Klimaneutralität berücksichtigen. Diese Erwartungen implizieren auch ethische und soziale Kriterien

D. Hellenkamp, *Bankwesen im Zeitalter von Disruptionen*, essentials, https://doi.org/10.1007/978-3-658-41208-1_4

in den Unternehmensführungen. So werden beispielsweise Portfolioverwalter/Anlageberater nach der neuen EU-Delegierten Verordnung (2021/1253) im Kontext der europäischen Finanzmarktrichtlinie (Markets in Financial Instruments Directive – MiFID II) ab dem 02. August 2022 erstmals gesetzlich verpflichtet, aktiv zusätzlich Informationen zu den Nachhaltigkeitspräferenzen des Kunden einzuholen.

Eine (globale) nachhaltige Transformation von Wirtschaft und Gesellschaft benötigt erhebliche Finanzierungsmittel. Kreditinstitute werden bei der Finanzierung eine wesentliche Verantwortung übernehmen. Diese Transformation im Kontext einer dauerhaft nachhaltigen Ausrichtung wird die bestehenden Geschäftsmodelle der Kreditinstitute deutlich ändern – Produkte, Dienstleistungen und Services werden sich ESG-konform (Environmental, Social, Governance) an diesen Veränderungen im Nachfrageverhalten der Kunden orientieren.

Darüber hinaus reglementieren und steuern auch rechtliche Rahmenbedingungen Kreditinstitute bei der Finanzierung dieser gesellschaftlich und politisch gewünschten Entwicklung. So ist beispielsweise ab dem 01. Januar 2022 die EU-Taxonomie-Verordnung im Geltungsbereich des Europäischen Wirtschaftsraums (EWR) anzuwenden. Als EU-Verordnung ist diese ein Rechtsakt mit allgemeiner Gültigkeit und unmittelbarer Wirksamkeit in den Mitgliedstaaten. Sie hat dabei das Ziel der Einrichtung eines Rahmens zur Erleichterung nachhaltiger Investitionen, d. h. Vorgaben für nachhaltige Investitionen und Änderungen der Offenlegungsverordnung.

So werden Kriterien bestimmt, ob eine Wirtschaftstätigkeit als ökologisch nachhaltig einzustufen ist (Taxonomie). Hieraus lässt sich sodann der Grad der ökologischen Nachhaltigkeit einer Investition bestimmen. Durch diesen Rechtsakt sollen zukünftig private Investitionen in nachhaltige Projekte einen wesentlichen Beitrag zum „European Green Deal" der Europäischen Kommission leisten.

Investmentfonds müssen im Rahmen dieser Verordnung Vorgaben der nationalen Aufsicht für Finanzprodukte erfüllen (in der BRD durch Richtlinien der Bundesanstalt für Finanzdienstleistungsaufsicht, BaFin), die sie als nachhaltig bezeichnen oder als explizit nachhaltig vertreiben. Unternehmen müssen ferner in ihrem jeweiligen Rechtsrahmen über die Aktivitäten ihrer ökologisch nachhaltigen Wirtschaftstätigkeiten berichten. Dabei werden in einem unternehmensspezifischen Nachhaltigkeitsbericht, als Bestandteil der Informationspolitik des Unternehmens, zentrale Themen der Nachhaltigkeit (Ökonomie, Ökologie und Soziales) erläutert. Ab dem 01. Januar 2024 müssen Unternehmen und Finanzinstitute in der EU die neuen sog. CSRD-Regeln (Corporate Sustainability Reporting Directive) stufenweise bis 2026 anwenden – CSRD ersetzt die bisherige Richtlinie (sog. NFRD, Non-Financial Reporting Directive) über die nichtfinanzielle Berichterstattung von Unternehmen.

Die Auswirkungen einer an Nachhaltigkeit ausgerichteten Transformation der Gesellschaft, Wirtschaft, Politik und der Menschen im Allgemeinen werden erheblich sein. Wenn die regulatorischen Finanzierungsmodalitäten von Kreditinstituten zukünftig zudem hinsichtlich der Eigenkapitalanforderungen zugunsten von ESG-Kriterien ausgestaltet werden, werden dadurch zusätzlich erhebliche Anreiz- und Steuerungsimpulse zugunsten nachhaltiger Investitionen und Nachfrage initiiert.

So unterstreicht beispielsweise die Ankündigung der „Glasgow Financial Alliance for Net Zero" bei der 26. UN-Klimakonferenz in Glasgow 2021 das erhebliche Momentum der globalen Nachhaltigkeitsentwicklungen und -anstrengungen. Hiernach haben 450 der global größten Finanzdienstleister ihre Absicht bekundet, die von ihnen verwalteten Vermögen in Höhe von 130 Billionen US-Dollar bis zum Jahr 2050 für einen Übergang zur Klimaneutralität einzusetzen.

Kreditinstitute werden insofern die Transformation ihrer Geschäftsmodelle ESG-konform gestalten müssen (vgl. Deutsche Bundesbank 2022).

Veränderungen im Nachfrageverhalten der Bankkunden
In den öffentlichen Diskussionen werden regelmäßig einzelne Themenfelder fokussiert und strategische Handlungsempfehlungen für Kreditinstitute hieraus abgeleitet.

Hierzu zählen beispielsweise digitale/technologische Entwicklungen, deutlich veränderte Kommunikationswege und -verhaltensweisen und Wege der Informationsbeschaffung. Dabei stehen die Kreditinstitute vor der Herausforderung, eine Gesamtstrategie zu formulieren, welche die Veränderungen im Nachfrageverhalten zukünftig ausreichend berücksichtigen.

Eine Studie von Capgemini und Efma aus dem Jahr 2022 „The World Retail Banking Report 2022" erörtert, dass die Erwartungen der Kunden an digitale Interaktionen zunehmen und die Kreditinstitute nicht Schritt halten können. Danach gaben 48 % der Kunden an, keine emotionale Verbundenheit in der Bankbeziehung zu haben – zudem ist die Bankbeziehung nicht gut in den eigenen Lebensstil/-alltag integriert (45 %).

Die Studie referenziert auf 8051 Kundenbefragungen und 142 Experteninterviews mit Führungskräften aus dem Bankensektor (Regionen Nord- und Lateinamerika, Europa, Asien-Pazifik und Mittlerer Osten (incl. Japan)).

Gem. der Studie besteht eine auffällige Inkonsistenz zwischen dem digitalen und dem physischen Bankerlebnis der Kunden. Wenn diese Inkonsistenz bestehen bleibt, besteht für traditionelle Kreditinstitute perspektivisch das Risiko, den Kundenwert an agilere Institute zu verlieren.

Die Kombination aus Künstlicher-Intelligenz-Technologie und maschinellem Lernen eröffnet den Kreditinstituten Möglichkeiten, um Kunden zu identifizieren, diese zu binden und in Echtzeit zu begeistern. Allerdings können insbesondere traditionelle Kreditinstitute die bestehenden Möglichkeiten oft nicht wahrnehmen.

Die Studie konstatiert hierbei, dass Kreditinstitute (global) über umfangreiche digitale Kundeninformationen und -daten verfügen, z. B. Finanz-, Geo- und Gesundheitsdaten, soziale Medien, Lebensstil oder Verhaltensdaten. Gleichwohl haben 73 % der Führungskräfte Probleme damit, diese Daten in wertbringende Erkenntnisse umwandeln; 70 % haben keine ausreichenden Ressourcen zur Analyse und Verarbeitung von Daten – und 95 % der weltweit führenden Bankmanager gaben in der Studie an, dass antiquierte Altsysteme und Kernbankenplattformen kundenorientierte Wachstumsstrategien behindern.

Hervorzuheben ist, dass die Führungskräfte in den Kreditinstituten und die Kunden hinsichtlich des Vertriebskanalmix oftmals sehr ähnliche Wünsche haben. So sehen in der Studie etwa 80 % der Kunden und Führungskräfte die Internetseite als zentralen Interaktionspunkt an. Mobile Apps wurden von 91 % der Kunden (77 % Führungskräfte), Filialen von 75 % der Kunden (58 % Führungskräfte) präferiert.

Empirische Ergebnisse können im Zeitablauf deutlich veränderter Bedürfnisse und Verhaltensmuster von Kunden (Menschen) aufzeigen und ein Ansatz für Kreditinstitute sein, diese zielgerichtet(er) anzusprechen.

Die Tab. 4.1 und 4.2 weisen hierzu Studienergebnisse des Global Financial Institute aus dem Jahr 2014 aus (vgl. Cocca, T. D. 2014). Da spezifische Charakteristika von Bevölkerungskohorten in ausgewählten Zeitepochen sich nicht innerhalb weniger Jahre deutlich ändern, können aus dieser Vorgehensweise wertvolle Hinweise für die Unterschiede in der Präferenz- und Wertekultur der Kundengenerationen generiert werden.

Die dahinterstehende Annahme ist, dass Generationen durch die Gleichzeitigkeit des Aufwachsens in einer Gesellschaft gemeinsame Erfahrungen, gesellschaftliche Wertvorstellungen, einen ähnlichen Lifestyle u. a. aufweisen. Hierzu werden die in der Soziologie verwendeten Bezeichnungen der Generation X (Bevölkerungskohorte der mittleren 1960er bis in die frühen 1980er- Jahre) und die der Generation Y (Bevölkerungskohorte der frühen 1980er bis zu den späten 1990er-Jahren, Digital Natives) berücksichtigt, indem man diesen Bezeichnungen unterschiedliche Charakterisierungen zuschreibt.

Tab. 4.1 Spezifische Charakteristika der Generation X und Generation Y, Studienergebnisse des Global Financial Institute, 2014

	Generation X	Generation Y (Digital Natives)
Lebensstil	Ausgewogenes Arbeits-Freizeit-Verhältnis	Starken Sinn für Unabhängigkeit und Autonomie
	Karriere besonders wichtig	Ichbezogen und eigenverantwortlich
	Autonomie, Freiheit und Selbstverantwortung wichtig	Eigene Selbstdarstellung und Akzeptanz durch die Standesgenossen wichtig
	Autoritäten, Konventionen und starre Strukturen werden hinterfragt	Verhalten nicht an starren Normen und Formen ausgerichtet. Schwarm-Verhalten orientiert an Twitter, Facebook oder sonstigen Communities
(Finanz-)Bildung	Besser ausgebildet als die Vorgängergeneration der Babyboomer	Gut ausgebildet und bereit, Neues zu erlernen. Bereitschaft, über den gesamten Lebenszyklus hinweg zu lernen
	Miterleben der Asien- und Russlandkrise, das Platzen der Internet-Blase oder 9/11-Ereignis	Grenzen zwischen Bildung und Entertainment verschmelzen
		Bild der Finanzwelt durch im Jahr 2007 ausgebrochene Finanzkrise geprägt. Desillusionierung über Teile der Finanzwelt. Eigenes soziales Umfeld bzw. das Urteil unabhängiger Dritter wird höher eingestuft als ein Beratungsgespräch mit der Bank
Konsumverhalten	Geringere Loyalität gegenüber einer bestimmten Marke	Entertainment als Komponente im Nachfrageverhalten ist wichtig
	Affinität zu neuen Technologien	Visuelle und ästhetische Reize leiten stark
	Mehrbankenbeziehungen und Bankenwechsel häufiger genutzt als die Vorgängergeneration der Babyboomer	Produktempfehlungen sehr wichtig
		Vertrauen in neuen Informationsmedien größer als in traditionellen Medien

(Fortsetzung)

Tab. 4.1 (Fortsetzung)

	Generation X	Generation Y (Digital Natives)
Sonstiges	Teil der kollektiven Erinnerung ist Deutsche Einheit, stärkere Integration Europas und die Einführung des Euros	Vernetzen im Netz sehr wichtig. Erwartung, hohes Maß an Informationen preiszugeben und zu erhalten
	Finanzkrise seit 2007 trifft Generation in einer Lebensphase, in der sie erstmals über substantielles eigenes Vermögen verfügen kann	Bankenmarken haben keine hohe Reputation und wesentliche Kundenbindungskraft
	Information overload wird kritisiert, Retro-Element im Konsumverhalten wiederentdeckt	Möglichkeit, Content von Plattformen ohne Einschränkungen verschieben zu können, ist sehr wichtig

Die Generation der Baby-Boomer (in der BRD die Jahrgänge 1955 bis 1969) bleibt hier unberücksichtigt, da die Ausprägungen eines veränderten Nachfrageverhaltens der Generation X und Y die Kreditinstitute zukünftig deutlich stärker determinieren.

Tab. 4.1 weist hierzu insbesondere Studienergebnisse zu Bedürfnissen, Präferenzen und Wertvorstellungen der Generation X und Y aus.

Herausforderungen für Kreditinstitute in der Zukunft

Zahlreiche Kreditinstitute haben über viele Jahre hinweg versucht, ihre strategische Positionierung durch leistungsorientierte Differenzierungsansätze zu bestimmen. Nach der Finanzkrise seit 2007 ist die Rückgewinnung des Kundenvertrauens ein wesentlicher Faktor der Vertriebsaktivitäten. Die Cluster der Tab. 4.2 erläutern beispielhaft Herausforderungen der Kreditinstitute durch stärker an die spezifischen Charakteristika der Generationen X und Y ausgerichteten Anforderungen.

Kreditinstitute stehen vor der Herausforderung, die Ausrichtung und die Werte ihres Geschäftsmodells mit den komplexen Anforderungen in einer globalisierten und hochtechnologischen Welt zu vereinen und dabei nicht zu versäumen, die Umweltveränderungen beständig kritisch zu reflektieren.

Tab. 4.2 Ausgewählte Herausforderungen der Kreditinstitute durch Änderungen im Nachfrageverhalten, Studienergebnisse des Global Financial Institute, 2014

	Herausforderungen
Technik	Aktuelle technische Standards werden erwartet. Kunden akzeptieren Institute nicht, welche die Lebenswirklichkeit der Kunden nicht ausreichend einbindet
Kommunikation	Möglichkeiten von Instituts-/Kundenbeurteilungen (z. B. likes/dislikes) und Vergleichsmöglichkeiten sollten bereitstehen (z. B. Meine Bank vor Ort, Institut für Vermögensaufbau AG)
	Virtuelle Kanäle werden ausgeweitet. Kunde kann 24/7 über unterschiedliche Kommunikationsalternativen im Kontakt mit seinem Institut stehen (Video-Conferencing, Chat, Skype, Social Media)
Information	Informationsaustausch mit Experten/Netzwerken wird zunehmend auch im Bankwesen erwartet. Dieser kann beispielsweise bestehen zu Sachfragen, Diskussion/Offenlegung und Umsetzung von Anlagestrategien (z. B. investtor.de, Sharewise), Bereitstellen Virtueller Community Banken (z. B. Fidor Bank), Vergabe und direkte Abwicklung von Krediten über Social-Lending-Plattformen zwischen Kapitalgeber und -nehmer (z. B. auxmoney) oder neue Kreditvergabeprozesse (z. B. smava). Im Customer-Care-Bereich können z. B. Kunden helfen Kunden-Portale errichtet werden
Information	Kunden mit einem heute global vorhandenen Informationszugang akzeptieren asymmetrische Informationsverteilungen als Grundlage des Geschäftsmodells eines Produkt-/Dienstleistungsanbieters zukünftig nicht mehr. Zunehmende Transparenz und ein Zugang zu bankinternen Informationen, beispielsweise Handelsplattformen, Datenbanken sowie Know-how können dabei entgegenwirken
	Anbieter von Information und Anbieter von Wissen werden zunehmend unterschieden, da die Beurteilung von Informationen einen höheren Mehrwert generiert. Für Kreditinstitute leiten sich daraus Möglichkeiten eines strukturierten Umgangs mit Wissen ab (Wissensmanagement)
Produkte	Gesellschaftliche Verantwortung und die Frage nach der Sinnhaftigkeit der Investments ist deutlicher ausgeprägt

(Fortsetzung)

Tab. 4.2 (Fortsetzung)

	Herausforderungen
Image/Reputation	Image der Bankenbranche hat durch Finanzkrise seit 2007 stark gelitten, deshalb stehen bisher vor allem Werte wie Sicherheit und Stabilität im Vordergrund. Zukünftig erwarten Studien zunehmend Angebotsassoziationen, die z. B. Innovation, Fortschritt, Cleverness und Smartness hervorrufen
	Emotionalisierung der Marke wird größere Relevanz zukommen. Kunden suchen ihren Anbieter aktiv aus, u. a. um mit der Nennung des Kreditinstitutes zukünftig ein Statement abzugeben, beispielsweise weil das Institut bekannt dafür ist, in der Finanzwelt neue Wege zu gehen
	Investition in den Aufbau eines individuellen Images erforderlich
	Chancen der Kreditinstitute durch kohärentes Verhalten als Corporate Citizen im Einklang mit dem Zeitgeist und den gesellschaftlichen Werten neue Standards zu setzen (Corporate Responsibility)
Strategie/Organisation	Bankorganisationen sind durch eine erhöhte Regulierungsdichte verleitet, insbesondere aufgrund bankinterner Herausforderungen, innengerichtet zu agieren
	Innovationszyklen werden immer kürzer – Anbieter müssen sich personell, prozessual, organisatorisch und vor allem kulturell dieser stetigen Veränderungsbereitschaft anpassen
	Es werden hohe Anforderungen an die institutionelle Ausgestaltung eines Kreditinstitutes gestellt, insofern muss das gesamte Bankmanagement die Geschäftsstrategie unterstützen

Auswirkungen der demografischen Entwicklung

Der demografische Wandel in der BRD wird in den nächsten Jahrzehnten politische, gesellschaftliche und wirtschaftliche Entscheidungsprozesse deutlich beeinflussen. Die heute angelegten Bevölkerungsstrukturen lassen dabei mögliche Auswirkungen in der Zukunft bereits erkennen. Die Zahl der geborenen Kinder in der BRD reicht seit etwa 40 Jahren nicht mehr aus, um die Elterngeneration zu ersetzen. Die Bevölkerung Deutschlands altert zudem mit dem fortschreitenden Alter der Baby-Boomer-Generation und dem Effekt einer gestiegenen Lebenserwartung älterer Menschen. Ohne eine bisherige Zuwanderung aus dem Ausland wären ein Rückgang und die Alterung der Bevölkerung Deutschlands bisher deutlich ausgeprägter gewesen.

In den nächsten Jahrzehnten wird sich die Alterspyramide in der BRD weiter verändern und hierbei auch das Bankensystem in Deutschland erheblich berühren. Das Statistische Bundesamt veröffentlicht unter Berücksichtigung spezifischer Annahmen hierzu regelmäßig Prognosen einer Bevölkerungsvorausberechnung.

Bevölkerungsvorausberechnungen
In Deutschland leben Ende 2021 nach Schätzungen des Statistischen Bundesamtes (Destatis) 83,2 Mio. Menschen. Seit der Wiedervereinigung Deutschlands (1990) hat hiernach die Bevölkerungszahl überwiegend zugenommen. Das Wachstum begründet sich ausschließlich in einem positiven Wanderungssaldo – andernfalls wäre die Bevölkerung in Deutschland seit 1972 geschrumpft, da seitdem jährlich mehr Menschen sterben als geboren werden.

Gem. dem „Ausblick auf die Bevölkerungsentwicklung in Deutschland und den Bundesländern nach dem Corona-Jahr 2020" des Statistischen Bundesamtes, begründet die Zuwanderung zudem ein langsameres Voranschreiten der demografischen Alterung in Deutschland (vgl. Statistisches Bundesamt (Destatis 2021b). Die Zuwandernden sind hiernach im Durchschnitt jünger als diejenigen, die Deutschland

D. Hellenkamp, *Bankwesen im Zeitalter von Disruptionen*, essentials, https://doi.org/10.1007/978-3-658-41208-1_5

verlassen. Darüber hinaus tragen sie positiv zur Geburtenrate bei. Das Statistische Bundesamt weist in seiner aktuellen 14. koordinierten Bevölkerungsvorausberechnung in Deutschland verschiedene Szenarien hinsichtlich der prognostizierten Bevölkerungsentwicklung bis zum Jahr 2060 aus (vgl. Statistisches Bundesamt (Destatis 2019). Dabei berücksichtigen die Szenarien 1 bis 3 jeweils eine moderate Entwicklung der Lebenserwartung (Lebenserwartung bei Geburt 2060 für Jungen 84,4 Jahre; Mädchen 88,1 Jahre) und eine moderate Entwicklung der Geburtenhäufigkeit (1,55 Kinder je Frau). Diese drei Szenarien unterscheiden sich nur in der Annahme über den Wanderungssaldo. Destatis berechnet im Szenario 1 bei einem niedrigem Wanderungssaldo (durchschnittlicher Wanderungssaldo 147.000 Personen pro Jahr) eine Abnahme des Bevölkerungsstand von 83,365 Mio. Menschen im Jahr 2020 (jeweils 31.12.) auf 74,393 Mio. Menschen im Jahr 2060, d. h. eine Reduktion von etwa 9 Mio. Menschen. Szenario 2 unterstellt einen moderaten Wanderungssaldo (durchschnittlicher Wanderungssaldo 221.000 Personen pro Jahr). Im Jahr 2060 würden demnach 78,213 Mio. in Deutschland leben – d. h. eine Reduktion ggü. dem Jahr 2020 von annähernd 5,2 Mio. Menschen. Im Szenario 3 ist die Annahme einer Bevölkerungsreduktion am geringsten. Hier wird ein hoher Wanderungssaldo (durchschnittlicher Wanderungssaldo 311.000 Personen pro Jahr) angenommen, der eine geschätzte Bevölkerungszahl in Höhe von 83,012 Mio. Einwohnern im Jahr 2060 erwarten lässt. In diesem Szenario würde lediglich eine Reduktion von 350 Tsd. Einwohner angenommen.

Die massive Zuwanderung in den Jahren 2014 und vor allem im Jahr 2015 hat die Bevölkerung in Deutschland in ihrer Größe und Struktur verändert – positiver Zuwanderungssaldo etwa 1,7 Mio. Menschen.

Grundsätzlich gilt: Die Prognosen demografischer Veränderungen, beispielsweise einer deutlich reduzierten Bevölkerungszahl und einer veränderten Altersstruktur weisen bereits heute deutlich auf mögliche gesellschaftliche und wirtschaftliche Herausforderungen in der Zukunft hin.

Insofern werden mögliche Auswirkungen auf Basis gesicherter Daten des Statistischen Bundesamtes (Datenreport 2021) nachstehend diskutiert (vgl. Statistisches Bundesamt (Destatis 2021a).

Veränderungen der Altersstruktur
Die Bevölkerungsstruktur wird durch die demografischen Prozesse – Fertilität, Mortalität und Migration – beeinflusst.

In den letzten Jahrzehnten hat es in Deutschland eine zunehmende Alterung der Bevölkerung gegeben, die indes mit **absolut steigenden** Bevölkerungszahlen einherging.

So erhöhte sich die Bevölkerung in Deutschland ab 1950 von 69,3 Mio. Menschen auf etwa 83,2 Mio. Menschen nach Schätzungen des Statistischen Bundesamtes. Dabei weisen ein seit Jahrzehnten deutlich abnehmender Jugendquotient (Kinder und Jugendliche unter 20 Jahren im Verhältnis zur Bevölkerung im erwerbsfähigen Alter zwischen 20 und 65 Jahren) und ein erheblich gestiegener Altenquotient (Anteil der Menschen ab 66 Jahre im Verhältnis zur Bevölkerung im erwerbsfähigen Alter zwischen 20 und 65 Jahren) auf deutliche Altersstrukturveränderungen innerhalb der Bevölkerung hin.

So stieg beispielsweise der Altenquotient im Jahr 1950 von etwa 16 % auf 36 % im Jahr 2019, d. h. 100 Personen im (erwerbsfähigen) Alter von 20 bis 65 Jahren stehen 36 Personen im (rentenfähigem) Alter ab 66 Jahren in 2019 gegenüber. Im gleichen Zeitraum reduzierte sich der Jugendquotient von 50,8 % auf 30,8 %. Gleichwohl entstanden im Zeitraum 1950 bis 2019 keine gravierenden gesellschaftlichen Probleme, beispielsweise im Hinblick auf Sozialversicherungssysteme und Mitarbeiterrekrutierung. Wesentliche Gründe hierfür liegen in erheblichen Produktivitätszuwächsen der Vergangenheit und einem nahezu konstanten Prozentanteil der Menschen im erwerbsfähigen Alter zwischen 20 und 65 Jahren sowie einer in diesem Zeitraum um absolut über 14 Mio. Menschen gestiegenen Gesamtbevölkerung.

Hintergrund: In den letzten 100 Jahren hat sich die Geborenenzahl in Deutschland etwa halbiert. In dieser Zeit haben die beiden Weltkriege besonders in den Jahren 1917 und 1918 sowie 1945 und 1946 deutliche Geburtenrückgänge herbeigeführt. Umgekehrt gab es wiederkehrend auch Phasen eines Babybooms, beispielsweise nach 1933 durch die Familienpolitik der Nationalsozialisten. Die Seniorengeneration der zwischen 1934 und 1941 geborenen Menschen ist deshalb relativ groß und profitiert von einer insgesamt erhöhten Lebenserwartung. Im Weiteren führt die Zeit zwischen 1950 und 1970 mit jährlich über einer Million Neugeborenen zu einer deutlichen Geburtensteigerung (Babyboom), dem anschließend ein deutlicher Geburtenrückgang in den 1970er-Jahren folgte (Babybust).

Die teils erheblichen Geburtenschwankungen führen zu demografischen Wellen, die Disparitäten in der Altersstruktur einer Gesellschaft generieren (können). So entsteht aus einem Babyboom für Jahrzehnte ein erhebliches Erwerbspersonenpotenzial – allerdings werden die umlagefinanzierten sozialen Sicherungssysteme möglicherweise stärker als bisher belastet, wenn diese Generation das Rentenalter erreicht und die nachfolgenden Jahrgänge deutlich schwächer besetzt sind.

Die Altersstruktur wird sich in der Zukunft erheblich ändern. Dieses Mal voraussichtlich einhergehend mit einer (deutlichen) Abnahme der absoluten Bevölkerungsanzahl, obgleich der positive Zuwanderungssaldo der Jahre 2014/15 kompensatorisch wirken wird.

Aus diesem Grund sind in den kommenden Jahrzehnten weitreichende politische, gesellschaftliche und wirtschaftliche Änderungen zu erwarten. Das Potenzial der Erwerbspersonen wird in den kommenden Jahrzehnten zu einem erheblichen Teil aus Menschen bestehen, die älter als 49 Jahre sind. Heute gehören etwa 49 Mio. Menschen der Bevölkerung im Erwerbsalter der Altersgruppe von 20 bis 64 Jahren an. Die Anzahl wird sich nach dem Jahr 2020 deutlich reduzieren und im Jahr 2030 bei erwarteten 44 bis 45 Mio. Menschen liegen. Im Jahr 2060 werden dann voraussichtlich nur noch 38 Mio. Menschen im Erwerbsalter stehen. Hierbei wird ein positiver Wanderungssaldo von rund 500.000 im Jahr 2014, bis zum Jahr 2021 eine stufenweise Reduktion auf 200.000 und eine anschließend konstante Entwicklung angenommen (Variante 2 „Kontinuität bei stärkerer Zuwanderung").

Wenn die Zuwanderung ab dem Jahr 2021, beispielsweise im Kontext politischer Diskussionen, indes auf 100.000 Personen zurückfällt und anschließend konstant bleibt, würden im Jahr 2060 nur noch 34 Mio. Menschen Erwerbspotenzial ausweisen (Variante 1 „Kontinuität bei schwächerer Zuwanderung"). Diese Entwicklung entspricht einer Reduktion ggü. dem Basisjahr 2013 von 30 %.

Den Menschen im Erwerbsalter werden zudem bis zum Jahr 2060 immer mehr Menschen > 65 Jahre gegenüberstehen. Im Jahr 2013 entfielen auf 100 Personen im Erwerbsalter 34 Personen, die 65 Jahre und älter waren – im Jahr 2060 sind es 65 ältere Menschen (Variante 1, schwächere Zuwanderung) bzw. 61 ältere Menschen (Variante 2, stärkere Zuwanderung).

Auswirkungen aus den demografischen Entwicklungen im Allgemeinen
Der Bevölkerungsrückgang und die erhebliche Alterung der Gesellschaft führen dazu, dass in zahlreichen ländlichen Regionen die Mindestgröße zur Aufrechterhaltung der Infrastruktur unterschritten wird. So können beispielsweise heute unlängst partiell Kindergärten, Schulen, Vereine u. a. nicht aufrechterhalten werden. Einzelhändler, (Land-)Ärzte und Gastronomiebetriebe finden keine Nachfolge.

Junge Menschen bzw. Menschen im Erwerbsalter verlassen auf der Suche nach einer Ausbildung, einem adäquaten beruflichen Umfeld und der Suche nach einem attraktiven Lebensumfeld ihre bisherige Region. Bereits heute sind Wanderungsbewegungen und zunehmende Urbanisierungen in Ballungszentren sowie Städten mit Hochschulen erkennbar.

Das Statistische Bundesamt erkennt diesbezüglich auch regionale Unterschiede in Deutschland. Zu Beginn der 2000er-Jahre ist der Altenquotient in ost- und westdeutschen Flächenländern noch nahezu identisch. Der Altenquotient in westdeutschen Flächenländern ist hiernach nur marginal auf 35 im Jahr 2019 gestiegen – der Wert in ostdeutschen Flächenländern hat sich im gleichen Zeitraum von 36 auf 46 erhöht. Die unterschiedlichen Entwicklungen begründen sich durch einen

Geburtenrückgang in Ost-Deutschland nach der Wiedervereinigung und durch die Zuwanderung nach Westdeutschland aus den neuen Bundesländern sowie dem Ausland, sodass die Alterungsprozesse im West-Deutschland deutlich geringer ausfallen. Der Altenquotient ist seit Mitte der 1990er-Jahre in den Stadtstaaten am niedrigsten, beispielsweise im Jahr 2019 Hamburg (29) und Berlin (31). Die meisten älteren Menschen pro 100 Personen im erwerbsfähigen Alter leben in Ost-Deutschland, z. B. Sachsen-Anhalt (48), Sachsen (47), Thüringen (46), Mecklenburg-Vorpommern (44) und Brandenburg (43).

In der 14. koordinierten Bevölkerungsvorausberechnung in Deutschland weist das Statistische Bundesamt darauf hin, dass sich die regionalen Unterschiede weiter verstärken werden. Danach wird bei einer moderaten Entwicklung von Geburtenhäufigkeit, Lebenserwartung und Nettozuwanderung die Bevölkerungszahl in den westdeutschen Flächenländern bis 2060 um 4 % und in den ostdeutschen Flächenländern um 18 % abnehmen. In den Stadtstaaten wird diese dagegen um 10 % wachsen.

Die gesetzliche Rentenversicherung in der BRD ist als Umlageverfahren organisiert, d. h. die heute erwerbstätigen Menschen refinanzieren die heutige Rentenkasse. Die deutlichen Veränderungen der Altersstruktur werden zu einer Belastung der Rentenkassen führen, da zukünftig einer deutlich erhöhten Anzahl an Rentenempfängern eine deutlich geringere Anzahl an Beitragszahlern gegenübersteht. Insofern wird die heutige Generation der Erwerbstätigen seit Jahren angehalten, eine erhöhte Eigenvorsorge zu betreiben, da in der Zukunft ein tendenziell niedrigeres Rentenniveau zu erwarten ist.

Darüber hinaus wird aus dem demografischen Wandel partiell ein Arbeitskräftemangel resultieren, der durch Produktivitätssteigerungen möglicherweise teilweise kompensiert werden kann. In arbeitsintensiven Bereichen, beispielsweise der Pflege, ausgewählten technischen und handwerklichen Bereichen ist indes bereits heute ein Fachkräftemängel erkennbar, der in der Zukunft voraussichtlich zunehmen wird.

Der Bevölkerungsrückgang wird die Nachfrage konsumnaher binnenwirtschaftlicher Branchen langfristig erheblich tangieren, beispielsweise den Einzelhandel und personenbezogene Dienstleistungen. Exportorientierte Unternehmen werden Rückgänge durch eine verstärkte internationale Ausrichtung auf Wachstumsregionen kompensieren.

Nachfragerückgänge sind dabei nicht nur branchenspezifisch, sondern auch regional zu erwarten. Eine steigende Urbanisierung führt beispielsweise in attraktiven Ballungsgebieten oder Universitätsstädten durch Zuwanderungen zu positiven Nachfrageveränderungen – in ländlichen Regionen können Bevölkerungsabwanderungen indes in einer Abwärtsspirale der Nachfrage münden.

Auswirkungen aus den demografischen Entwicklungen für Kreditinstitute

Kreditinstitute werden durch demografische Auswirkungen mehrdimensional berührt. So steigt durch Abwanderungsbewegungen insbesondere für regional und nicht in Ballungsräumen tätige Kreditinstitute die Herausforderung, dauerhaft gut ausgebildete Fachkräfte zu rekrutieren und diese neben den aktiven Mitarbeitern an das eigene Institut zu binden, auch als War for Talents bezeichnet.

Gesellschaftliche Entwicklungen einer Hochqualifikation führen zusätzlich dazu, dass beispielsweise in der jungen Generation über 50 % eine Hochschulreife erwerben und im Anschluss daran, ein Studium in einer anderen Stadt oder im Ausland anstreben.

Die regionalen Bindungen lösen sich aus unterschiedlichen Gründen somit immer mehr auf und Kreditinstituten fällt es schwerer, insbesondere in ländlichen Regionen, Mitarbeiter zu rekrutieren, die an ihrem Wohnort dauerhaft eine berufliche Perspektive suchen. Kreditinstitute werden deshalb antizipierend Maßnahmen ergreifen müssen, beispielsweise zur Mitarbeitergewinnung und -bindung, einem altersbedingten Wissensabfluss, aber auch externe Maßnahmen, wie Outsourcing und Kooperationen einbeziehen müssen. Abwanderungsbewegungen innerhalb der Bevölkerung werden darüber hinaus dazu führen, dass auch Kunden der Institute abwandern. Kreditinstitute müssen strategische Maßnahmen der Kundenbindung institutsspezifisch formulieren, um diesen Entwicklungen langfristig entgegenzuwirken. Die Möglichkeiten der Technisierung/Digitalisierung können hierzu Beiträge leisten, um standortunabhängig(er) bankbetriebliche Leistungen anzubieten. Die Genossenschaftsbanken stehen zusätzlich vor der Herausforderung, dass ein langfristiger Rückgang der Kunden gleichzeitig zu einem Rückgang des Eigenkapitals führen kann, da viele Kunden gleichzeitig Mitglieder ihres genossenschaftlichen Kreditinstitutes sind. Insofern können hier mit den gestiegenen Eigenkapitalanforderungen nach Basel III zusätzliche Anforderungen entstehen.

Die abnehmende Bevölkerungszahl und die regional teils erheblich zu erwartenden Zu- und Abwanderungen bilden sich auch in den Immobilien- und Mietpreisen ab. So sind in einzelnen attraktiven Ballungszentren/-räumen aus demografischen Gründen steigende Preise zu erwarten – in Teilen ländlicher Regionen Preisreduktionen bzw. Wertverluste. Darüber hinaus wurden die Immobilien- und Mietpreisentwicklungen in Deutschland seit Jahren zudem erheblich durch die Niedrigzinspolitik der EZB determiniert.

Für Kreditinstitute haben Sicherheiten bei der Kreditvergabe eine hohe Relevanz. Deshalb werden Kreditinstitute bei langfristigen Finanzierungen über 10, 20 oder 30 Jahre zukünftig die Werthaltigkeit ihrer Immobiliensicherheiten stärker an möglichen regionalen Auswirkungen der demografischen Entwicklung ausrichten müssen.

Überdies werden Institute, die beispielsweise eine deutliche Überalterung in ihrem Kundenstamm ausweisen, hieraus tendenziell einen nachhaltig abnehmenden Kreditbedarf ausweisen.

In toto dürfte die Kreditnachfrage der privaten Haushalte, insbesondere der Immobilienfinanzierung im Neubau, bei einer deutlich reduzierten Bevölkerungszahl langfristig sinken. Neue Ansätze einer Kreditnachfrage könnten aus Finanzierungsmöglichkeiten altersgerechter und energetischer wohnwirtschaftlicher Gebäudenutzungen entstehen, z. B. im Kontext eines European Green Deal. Darüber hinaus könnten zunehmend auch Produkt- und Dienstleistungsangebote im Bereich der Pflegefinanzierung (Pflegeangebote und -einrichtungen), Gesundheitsfinanzierung (z. B. medizinische Behandlungen) oder der Finanzierung altersgerechter Wohnraumentwicklungen relevant werden.

Der fortschreitende Altersstrukturwandel wird sukzessive auch die Ausrichtung des Produktangebotes der Kreditinstitute ändern, um dem Nachfrageverhalten einer immer älter werdenden Bevölkerung zu entsprechen.

Der Nachfrage nach Altersvorsorgeprodukten könnte im Produktmix der Banken eine erhöhte Bedeutung zukommen. Die zukünftigen Rentnergenerationen müssen vermehrt Teile ihres angesparten Vermögens aufzehren, um im Alter einen angemessenen Lebensstandard zu sichern. Deshalb sind Produkte relevant, die beispielsweise im Rahmen der Vermögensvorsorge Vermögen aufbauen. Daneben werden voraussichtlich Produkte eine höhere Relevanz und Aufmerksamkeit erhalten, die das Vermögen im Rentenalter in laufende Einkommensströme umwandeln. Darüber hinaus dürften beispielsweise auch Dienstleistungen der Vermögensberatung und -verwaltung vermehrt nachgefragt werden.

Kreditinstitute, die bereit sind, sich an den verändernden Bedürfnissen der alternden Kunden auszurichten, haben das Potential neue Geschäftsmöglichkeiten zu entwickeln. Damit einhergehend besteht die Möglichkeit sich gegenüber Wettbewerbern deutlicher zu differenzieren. Produkt- und Dienstleistungsangebote, die sich zielgerichtet an den Kundenbedürfnissen orientieren, können zudem das Kundenvertrauen und die Kundenbindung erhöhen.

Aus volkswirtschaftlicher Sicht lässt ein langfristiger Bevölkerungsrückgang, insbesondere der Menschen im erwerbsfähigen Alter, in der BRD einen deutlichen Rückgang im Wirtschaftswachstum erwarten. Theoretisch kann dieser durch einen vermehrten Kapitaleinsatz und Produktivitätssteigerungen, beispielsweise technischen Fortschritt, abgeschwächt oder (über-)kompensiert werden – ebenso kann eine erhöhte Fachkräftezuwanderung aus dem Ausland kompensatorisch wirken. Ein geringeres Wirtschaftswachstum würde die Verteilungsmöglichkeiten innerhalb einer sozialen Marktwirtschaft jedenfalls reduzieren und dadurch das Risiko von Wohlstandsverlusten zahlreicher Menschen erhöhen.

Wettbewerbssituation im Bankwesen | Ein kurzer Blick

Digitalisierung, Globalisierung und demografischer Wandel sind Teil eines Strukturwandels mit weitreichenden Auswirkungen auf die Gesamt- und die Finanzwirtschaft.

Die Wettbewerbsbedingungen im Finanzsystem ändern sich, beispielsweise dadurch, dass neue Anbieter in den Markt eintreten oder durch die vorstehenden Bestimmungsfaktoren eines globalen Strukturwandels bestehende Geschäftsmodelle teils oder gänzlich in Frage gestellt werden. Wettbewerb im Finanzsektor kann zu einer höheren Effizienz führen, unter Umständen allerdings auch destabilisierend wirken.

Das deutsche Bankensystem ist im Wesentlichen ein bankbasiertes Finanzsystem, da den Kreditinstituten und nicht den Kapitalmärkten eine zentrale Rolle der Kapitalallokation zukommt. Deutsche Unternehmen finanzieren sich im Rahmen der Außenfinanzierung insbesondere durch Bankkredite und seltener durch die Emission von Schuldverschreibungen. Das deutsche Bankensystem ist gekennzeichnet durch das Hausbankenprinzip, d. h. eine auf Langfristigkeit angelegte Geschäftsbeziehung zwischen Kreditinstituten und Kunden.

Es wird insbesondere durch die drei Säulen der genossenschaftlichen, öffentlich-rechtlichen und privaten Institute bestimmt. Besonderheiten sind neben Förderbanken die öffentlich-rechtlichen und genossenschaftlichen Verbundsysteme, welche durch wechselseitige Arbeitsteilungen geprägt sind. Aufgrund ihrer regionalen Geschäftsausrichtung stehen diese aber nur eingeschränkt im Wettbewerb zueinander.

Eine Monopolkommission erstellt alle zwei Jahre als unabhängiges Beratungsgremium der Bundesregierung und der gesetzgebenden Körperschaften ein Gutachten zu aktuellen wettbewerbspolitischen Fragestellungen, Unternehmenskonzentrationen und der kartellrechtlichen Amtspraxis. Der Wettbewerb auf den Finanzmärkten wurde zuletzt durch die Monopolkommission 2012/2013 im 20.

D. Hellenkamp, *Bankwesen im Zeitalter von Disruptionen*, essentials, https://doi.org/10.1007/978-3-658-41208-1_6

Tab. 6.1 Anteil Bilanzsumme der Geschäftsbanken in %

Anteil der Bilanzsumme in % im Geschäftsbankensystem zum 31.12.2021			
Universalbanken			**80,4**
	Kreditbanken		**38,6**
		Großbanken	20,5
		Regionalbanken und Sonstige Kreditbanken	13,5
		Zweigstellen ausländischer Banken	4,6
	Öffentlich-rechtliche Banken		**23,9**
		Sparkassen	15,7
		Landesbanken	8,2
	Genossenschaftliche Banken		**17,9**
		Kreditgenossenschaften	11,6
		Genossenschaftliche Zentralbank (DZ Bank)	6,4
Spezialbanken			**19,6**
	Realkreditinstitute		2,3
	Bausparkassen		2,6
	Banken mit Sonderaufgaben		14,7

Monatsbericht der Deutschen Bundesbank, Februar 2022 – eigene Berechnungen

Hauptgutachten untersucht – im aktuellen (21-ten) Hauptgutachten mit dem Titel „Wettbewerb" wurden 2016 Untersuchungen der Unternehmenskonzentration, kartellrechtliche Entscheidungspraxis sowie Digitale Märkte u. a. FinTechs fokussiert.

Hiernach und nach Angaben der Deutschen Bundesbank hat sich in den vergangenen drei Jahrzehnten die aggregierte Bilanzsumme aller Banken in Deutschland von 2681 Mrd. € (1990) auf 9596 Mrd. € (2020) erhöht. Der Anteil der aggregierten Bilanzsumme am Bruttoinlandsprodukt (BIP) erhöhte sich im selben Zeitraum vom 2-fachen auf das 2,9-fache des deutschen BIP. Die Universalbanken haben dabei einen Anteil an der kumulierten Bilanzsumme aller Geschäftsbanken in Deutschland von etwa 80 %.

Tab. 6.1 weist die Verteilung der Marktanteile im Geschäftsbankensystem gemessen an der Bilanzsumme aus.

In traditionellen Ansätzen wird darüber hinaus immer wieder auch die Anzahl der Marktteilnehmer als Indikator für die Wettbewerbsintensität herangezogen. In den letzten Jahrzehnten hat diesbezüglich eine deutliche Konsolidierung stattgefunden.

Im Zeitraum von 1990 bis zum 31.12.2021 reduzierte sich die Anzahl der Institute um etwa 67 %, von 4638 auf 1519. Dieses begründet sich insbesondere durch zahlreiche Fusionen im genossenschaftlichen und öffentlich-rechtlichen Sektor. Zusammenschlüsse erfolgten hierbei regelmäßig in der Absicht, Effizienzsteigerungen aufgrund größerer Betriebseinheiten zu erzielen.

Ebenso reduzierten sich nach Angaben der Deutschen Bundesbank (Bankstellenbericht 2021) die Zweigstellen von 39.750 im Jahr 1990 (ohne neue Bundesländer), auf 21.712 Zweigstellen im Jahr 2021. Zwischenzeitlich war die Anzahl der Zweigstellen inklusive der neuen Bundesländer und unter Berücksichtigung der Deutsche Postbank AG im Jahr 1997 auf einen bisherigen Höchststand von 63.186 angestiegen.

Das deutsche Bankensystem ist nach wie vor stark fragmentiert. Unterschiedliche Konzentrationsmaße (z. B. Herfindhal-Hirschman-Index (HHI), Summe der quadrierten Anteile) oder der kumulierte Marktanteil der fünf größten Institute in Deutschland gemessen an ihrer Bilanzsumme bestätigen diesen Status. Danach hatten die TOP 5 Institute in Deutschland mit 33 % kumulierten Marktanteil gemessen an der nationalen Bilanzsumme bereits im Jahr 2012 innerhalb der EU das geringste Konzentrationsmaß. Die Konzentration erhöhte sich zwischenzeitlich, erreichte aber Ende 2021 einen Anteil in Höhe von 30,6 %. Ein wesentlicher Faktor war indes die deutliche Reduktion der Bilanzsumme der Deutsche Bank AG – diese reduzierte sich beispielsweise in der Zeit von Ende 2016 bis Ende 2021 um über 260 Mrd. €. Tab. 6.2 weist die Marktanteile der TOP 5 Institute in Deutschland aus.

Die Monopolkommission begründet die relativ geringe Konzentration in ihrem Gutachten mit sehr geringen Bilanzsummen zahlreicher Sparkassen und Genossenschaftsbanken. Dabei sind die Konzentrationsraten regional sehr unterschiedlich und teils deutlich höher.

Der Wettbewerb mit Finanzprodukten in Deutschland wird außerdem durch regulatorische Rahmenbedingungen geprägt. Wettbewerbsverzerrungen, das hat die Finanzkrise seit dem Jahr 2007 deutlich gezeigt, können auch aus impliziten Garantien resultieren. Kreditinstitute bzw. Finanzmarktakteure, die von anderen Marktteilnehmern für systemrelevant gehalten werden, profitieren von einer impliziten Staatsgarantie, die wie eine Bestandsgarantie wirkt.

Tab. 6.2 TOP 5 der
Kreditinstitute gemessen an
der nationalen
Bilanzsumme

TOP 5 Institute – Bilanzsumme in Mrd. € und Anteil in %
zum 31.12.2021

Bilanzsumme aller Banken in Deutschland in Mrd. €:
9862

Institut	Bilanzsumme in Mrd. €	Anteil in %
Deutsche Bank	1324	13,4
DZ Bank	627	6,4
Commerzbank	473	4,8
Unicredit Bank (HVB)	312	3,2
LBBW	282	2,9
Summe	**3018**	**30,6**

Monatsbericht der Deutschen Bundesbank, Februar 2022 –
eigene Berechnungen

Diese Institute können (aus Sicht von Marktteilnehmern) nicht wie andere Wettbewerber aus dem Markt scheiden, da sie:

- zu groß sind (too big to fail),
- zu verflochten sind (too connected to fail),
- in großer Zahl gleichartige Geschäftsmodelle haben (too many to fail) und ein Marktaustritt zu unkontrollierten Ansteckungseffekten führen könnte.

Daneben können aus impliziten Garantien weitere Wettbewerbsverzerrungen beispielsweise in Form möglicher Refinanzierungsvorteile resultieren. Wettbewerbs- und aufsichtsrechtliche Maßnahmen sind deshalb intensiv darauf ausgerichtet, implizite Garantien zu beseitigen.

International ist der Bankensektor in allen Mitgliedstaaten der EU stärker konzentriert als beispielsweise in den USA. Innerhalb der EU schwanken die Konzentrationen dabei erheblich.

Ursächlich für diese Unterschiede sind u. a. abweichende historische Entwicklungen innerhalb der europäischen Bankensysteme. So stellt beispielsweise das deutsche Drei-Säulen-System international eine Ausnahme dar. Neben klassischen Universalbankensystemen, wie in Deutschland und Italien, existierten darüber hinaus unterschiedlich ausgeprägte Trennbankensysteme, z. B. in Großbritannien. Insgesamt ist die Wettbewerbssituation in Deutschland sowohl auf der Angebots- als auch der Nachfrageseite ausreichend differenziert. Aufgrund des für Sparkassen und Kreditgenossenschaften geltenden Regionalprinzips findet Wettbewerb überwiegend in regionalen Märkten und auf Produktebene statt.

> *„It is not the strongest of the species that survives, nor the most intelligent, but rather the one most adaptable to change."*

Charles Darwin (1809–1882)

Was Sie aus diesem *essential* mitnehmen können

- Einsicht, in welchem Spannungsfeld zentraler Bestimmungsfaktoren sich Kreditinstitute bei einer (Neu-)Ausrichtung ihrer Geschäftsmodelle befinden.
- Erkenntnisse über die Möglichkeiten einer Anpassung von Kreditinstituten im Kontext fortwährender Marktveränderungen.
- Erläuterungen digitaler Innovationen und Diskussion konkreter Gestaltungsansätze einer chancenorientierten Transformation für Kreditinstitute.
- Verständnis über die weitreichenden gesellschaftlichen und ökonomischen Auswirkungen demografischer Veränderungen auf das Bankwesen.
- Sichtweisen über die Notwendigkeit einer kundenzentrierten Ausrichtung, um Kundenbedürfnisse und -erwartungen zielgerichtet anzusprechen, beispielsweise einer Neuausrichtung von Produkt- und Bankdienstleistungen.

Literatur

Accenture (2017), Financial Providers: Transforming Distribution Models For The Evolving Consumer.

Bhatia, M., (2022), Banking 4.0 – The Industrialised Bank of Tomorrow, Springer Nature, Singapore.

Bitkom e. V. (2021a), Digital Finance 2020 – Die Transformation der Finanzindustrie in Zahlen, (Bundesverband Informationswirtschaft, Telekommunikation und neue Medien e. V.), Berlin.

Bitkom e. V. (2021b), Vertrauen und Sicherheit in der digitalen Welt, (Bundesverband Informationswirtschaft, Telekommunikation und neue Medien e. V.), Berlin.

Brühl, V. (2018), Banking 4.0 – Strategische Herausforderungen im digitalen Zeitalter. In: Brühl, V., Dorschel, J. (Hrsg.). Praxishandbuch Digital Banking. Springer Verlag, Wiesbaden, S. 3–12.

Bundesanstalt für Finanzdienstleistungsaufsicht (BaFin), (2021), Big Data und künstliche Intelligenz: Prinzipien für den Einsatz von Algorithmen in Entscheidungsprozessen, Bonn, S. 1–16.

Bundesverband deutscher Banken (2021), Sicherheit und Nutzung von Online Banking, Berlin.

Capgemini (2022), World Retail Banking Report 2022, The Customer-Engagement Imperative – What Banks Can Learn From The Fintech Playbook.

Cocca, T. D. (2014). neXtGEN Wealth Management im Jahr 2030, Global Financial Institute, 14. Juli 2014, Frankfurt am Main. Deutsche Bank AG. https://deutscheawm.com/de/Thought-Leadership/Dokumentencenter/67/neXtGEN-Wealth-Management-2030

Deutsche Bundesbank (2022), Klimawandel und Klimapolitik: Analysebedarf und -optionen aus Notenbanksicht, Monatsbericht Januar 2022, Inhalt: Relevanz von Klimawandel und Klimapolitik für Notenbanken, Gesamtwirtschaftliche Effekte des Klimawandels, Gesamtwirtschaftliche Auswirkungen der Klimapolitik, S. 33–62.

Deutsche Bundesbank (2021), Digitale Risiken im Bankensektor, Monatsbericht Juli 2021, S. 53–69.

Glaser, C. (2022), Digitale Transformation im Bankenumfeld, Springer Verlag, Wiesbaden.

Harmon, R. (2019), Big Data and the CRO of the Future, in: Liermann, V., Stegmann, C. (Ed.), (2019), The Impact of Digital Transformation and FinTech on the Finance Professional, Palgrave Macmillan, S. 225–237.

Hellenkamp, D. (2018), Finanzindustrie ohne Kompass – It's the missing vision, stupid, www.springerprofessional.de; Kap. 2 „Strategische Sicht einer europäischen Finanzindustrie" hieraus übernommen.

Hellenkamp, D. (2022), Bankwirtschaft, 3. aktualisierte und erweiterte Auflage, Springer Gabler Verlag, Wiesbaden.

Monopolkommission (Hrsg.) (2016). 21. Hauptgutachten der Monopolkommission, Wettbewerb 2016, Bonn. www.monopolkommission.de Inhalt: Kapitel V, Digitale Märkte: Sharing Economy und FinTechs, Abschnitt 3: Digitalisierung auf den Finanzmärkten, S. 409–436.

Plenk, M., Levant, I., Bellon, N., (2019), How Technology (or Distributed Ledger Technology and Algorithms Like Deep Learning and Machine Learning) Can Help to Comply with Regulatory Requirements, in: Liermann, V., Stegmann, C. (Ed.), (2019), The Impact of Digital Transformation and FinTech on the Finance Professional, Palgrave Macmillan, S. 241–258.

Statistisches Bundesamt (Destatis) (2021a), Wissenschaftszentrum Berlin für Sozialforschung, Bundesinstitut für Bevölkerungsforschung (BiB). Datenreport 2021 – Ein Sozialbericht für die Bundesrepublik Deutschland, Bonn. www.destatis.de

Statistisches Bundesamt (Destatis) (2021b), Ausblick auf die Bevölkerungsentwicklung in Deutschland und den Bundesländern nach dem Corona-Jahr 2020 – Erste mittelfristige Bevölkerungsvorausberechnung 2021 bis 2035, Wiesbaden. www.destatis.de

Statistisches Bundesamt (Destatis) (2019), Bevölkerung im Wandel – Annahmen und Ergebnisse der 14. koordinierten Bevölkerungsvorausberechnung, Wiesbaden, Juni 2019. www.destatis.de

Thiele, M., Dittmar, H. (2019), Internal Credit Risk Models with Machine Learning, in: Liermann, V., Stegmann, C. (Ed.), (2019), The Impact of Digital Transformation and FinTech on the Finance Professional, Palgrave Macmillan, S. 163–176.

Walker, T., Davis, F., Schwartz, T. (Ed.), (2022), Big Data in Finance – Opportunities and Challenges of Financial Digitalization, Palgrave Macmillan.

Printed in the United States
by Baker & Taylor Publisher Services